中央高校基本科研业务费项目东北振兴专项（N182410003-9）阶段性成果

营商环境评估：探索与改革

刘 钊　张国勇　王 晶/著

Business Environment Assessment:
Exploration and Innovation

经济管理出版社
ECONOMY & MANAGEMENT PUBLISHING HOUSE

图书在版编目（CIP）数据

营商环境评估：探索与改革/刘钊，张国勇，王晶著 . —北京：经济管理出版社，2020. 11

ISBN 978 - 7 - 5096 - 7623 - 3

Ⅰ.①营… Ⅱ.①刘… ②张… ③王… Ⅲ.①投资环境—研究—东北地区 Ⅳ.① F127. 3

中国版本图书馆 CIP 数据核字（2020）第 237185 号

组稿编辑：张　昕
责任编辑：张　昕　杜羽茜
责任印制：黄章平
责任校对：陈晓霞

出版发行：经济管理出版社
　　　　　（北京市海淀区北蜂窝 8 号中雅大厦 A 座 11 层　100038）
网　　址：www. E-mp. com. cn
电　　话：（010）51915602
印　　刷：北京晨旭印刷厂
经　　销：新华书店
开　　本：720mm×1000mm 1/16
印　　张：9.5
字　　数：110 千字
版　　次：2020 年 12 月第 1 版　2020 年 12 月第 1 次印刷
书　　号：ISBN 978 - 7 - 5096 - 7623 - 3
定　　价：88.00 元

2018 年 9 月，习近平总书记在辽宁考察时和在深入推进东北振兴座谈会上发表重要讲话，提出了深入推进东北振兴的六个方面重要论述，将"以优化营商环境为基础，全面深化改革"作为首要任务。习近平总书记的讲话在东北三省引起了热烈的反响，近两年东北三省经过爬坡过坎，滚石上山，实现经济筑底企稳，走出近年来发展的最困难时期，呈现出稳中有进、总体向好的新局面。以贯彻落实党中央、国务院关于实施新一轮东北地区等老工业基地振兴战略的决策部署为契机，以习近平总书记在深入推进东北振兴座谈会上提出的六个方面要求为指导，东北地区各级政府深入分析问题，积极对标营商环境较优地区，出台了地方性条例，组建了专门的营商环境建设机构，开展了多项专项整治活动，在改善营商环境方面做了大量的工作。

但与国内其他区域相比，东北地区仍面临有效投资需求严重不足、营商环境亟待改善、经济社会领域风险不断积聚、地方主体作用发挥不够等问题和困难。特别是在营商环境建设方面仍然面临诸多深层次的体制机制问题。在新的发展背景下，推动东北经济脱困向好，实现新一轮全面振兴，事关全国经济发展和转型升级大局，事关区域协调发展全局，事关广大人民群众福祉。其中，优化东北地区的营商环境是其最为关键的一环。

在推动营商环境建设的过程中，世界银行的评价指标体系发挥了重要作用。世界银行于 2001 年成立营商环境（Doing Business）小组来构建营商环境指标体系，自 2003 年发布第一期全球营商环境报告《2004 年全球经营环境报告：了解法规》（Doing business in 2004：Understanding regulation）以来，迄今已发布了 17 期评估报告。评估考察对象已扩展至 190 个经济体，涵盖世界大多数国家和地区；评价指标体系也从最初的 5 项一级指标，逐步完善到现在的 12 项一级指标。世界各国也逐渐重视该指标体系，纷纷采取有效措施优化本国营商环境。

自 2017 年以来，北京市和上海市加大改革力度，分别推出了优化营商环境方案 1.0 版本、2.0 版本和 3.0 版本，采取了大量卓有成效的措施，中国的营商环境排名也从 2018 年报告的第 78 位，提高到 2019 年报告的第 46 位，在 2020 年报告中提高到第 31 位。

近年来，东北地区积极对标世界银行指标体系，按照世界银行的方法论开展营商环境评估工作，取得了积极的进展。部分城市的模拟排名也有了大幅度提升，涉及企业生命周期的各项指标得到了极大优化。本书以东北地区营商环境建设的实践探索为基础，按照世界银行营商环境评估指标，选取东北地区 5 个典型城市开展调研工作，通过与政府部门工作人员进行座谈、召开企业座谈会、抽取项目档案、前往服务大厅进行实地观察等方式了解东北地区营商环境建设的成效，深挖制约东北地区营商环境建设的主要因素，借鉴北京市与上海市等先进地区的做法，从加强顶层设计、深化行政审批改革、树立服务理念、转变政府职能、理顺管理体制、坚持依法行政等方面提出优化东北地区营商环境的政策建议，明确东北地区营商环境建设的主攻方向，使东北各地方政府能够出台更有针对性的举措办法，为东北地区提升综合竞争力、适应经济新常态提供有力指引，为实现东北老工业基地全面振兴打下坚实基础。

同时，我们也要客观看待世界银行的评价指标体系，对其方法论及评价体系还要进一步深入研究。世界银行的指标要对全球不同经济体之间的基本监管制度进行比较。因此，对有些指标不宜直接复制过来进行国内不同省份、不同城市间比较；有些指标背后的方法论依据和我国的制度安排可能存在偏差，要坚持为我所用的原则，在采取相关优化措施的同时也要注意坚持我国的各项基本制度。

在本书付梓之时，衷心感谢课题组成员的共同参与，感谢各位在资料搜集、社会调查以及部分调查报告初稿的写作等方面的努力与辛劳。本书得到中央高校基本科研业务费项目"东北振兴专项：东北地区营商环境评价及改善对策研究"（项目编号：N182410003-9）的大力支持，也得到了东北大学文法学院的鼓励和支持，中国东北振兴研究院和文法学院也多次组织专家论证会，对本书进行了修改完善。感谢经济管理出版社为本书出版付出的辛勤努力。本书在写作过程中也参阅了许多国内外专家学者大量的著作和研究文献，在此一并表示衷心的感谢。

刘钊

2020 年 5 月 1 日

CONTENTS 目 录

第一章

绪　论

　　营商环境反映的是一个国家或地区的政府监管、市场体系对经贸活动的便利性，既包括法治化程度、国际化水平，也包括市场竞争的公平性和市场服务的效率。当前，维系我国经济高速增长的人力、土地、资源等成本优势已逐步丧失，要实现经济由高速度增长向高质量发展的转变，亟须确立新的竞争优势。确立新竞争优势的一个重要手段就是降低体制管理和市场交易成本，因此优化营商环境是其应有之义。

第一节　选题背景

一、营商环境建设是实现东北全面振兴的"先手棋"

　　2018年9月，习近平总书记赴东北三省考察并主持召开深入推进东北振兴座谈会，提出东北振兴六个方面的要求：一是以优化营商环境为基础，全面深化改革。二是以培育壮大新动能为重点，激发创新驱动内生动力。三是科学统筹精准施策，构建协调发展新格局。四是更好支持生态建设和粮食生产，巩固提升绿色发展优势。五是深度融入共建"一带一路"，建设开放合作高地。六是更加关注补齐民生领域短板，让人民群众共享东北振兴成果。习近平总书记科学把握形势，坚持问题导向，确立了全面振兴东北的重点任务，具有很强的科学性、指导性，是新时代推进东北全面振兴的重要方法论，为东北地区破解矛盾、扬长避短、发挥优势指明了努力方向。

把握东北振兴的重点任务，就是要把深化改革摆在首要位置，把新发展理念贯彻到各个方面，发挥新发展理念指挥棒、红绿灯的导向作用。东北地区发展面临新的困难和问题，解决这些困难和问题归根结底还要靠全面深化改革，植入创新发展、协同开放、绿色环保、共建"一带一路"、补齐民生短板等新的理念。习近平总书记提出和强调的"三个下功夫"明确了深化改革的着力点，"五个有利于"突出了完善改革思路的总原则。按照习近平总书记的要求，坚定改革信心，做实改革举措，释放改革活力，提高改革效能，将新理念植入改革的全过程，为新时代东北全面振兴提供强劲动力。

对东北新一轮全面振兴和营商环境建设而言，习近平总书记的讲话无疑是最大的"利好"消息。知耻者勇，改革者强，自信者进。东北三省无一例外地把解放思想、深化改革作为东北振兴的"牛鼻子"来抓，步调一致地把营商环境建设当作振兴发展的基础性工程来抓。一些困扰东北振兴多年的痼疾旧病在全面深化改革中逐步得到祛除，东北干部群众的信心也在一个个改革成果、发展成就中得以不断提升；东北地区的营商环境建设也在扎实、稳步推进。

2018 年下半年，国务院督察组在东北三省督察时指出，东北三省正大刀阔斧地推进改革，努力打造优质营商环境，加快新旧动能转换，经济社会发展正呈现企稳向好态势。尽管如此，东北三省未来还需要在全面深化改革和扩大开放上持续发力，坚决革除体制机制弊端，深入实施创新驱动发展战略，发挥好比较优势，培育新兴产业，努力打造优质的营商环境，积极破解"投资不过山海关"，进而推动东北地区老工业基地全面振兴。

在新的发展背景下，推动东北经济脱困向好，实现新一轮全面振兴，事关全国经济发展和转型升级大局，事关区域协调发展全局，事关广大人民群众福祉。其中，优化东北地区的营商环境是最为关键的一环。只有一个地区的营商环境得以优化，才能吸纳更多资本流入，释放更多政策红利，核心竞争力才能逐步提升，自然会促进当地经济增长，反之亦然。由此，东北经济增长与营商环境优化呈现出一种互助互利、正向相关的良性循环。

二、营商环境评估是优化营商环境的"当头炮"

春江水暖鸭先知。营商环境是好是坏，最直接的感知者，当属市场人士，它们是中小企业、律师事务所、会计师事务所、建筑师事务所、报关公司……它们也正是各种营商环境评价活动调查的对象。政府必须习惯于从它们的角度来考虑问题。营商环境的改善，不可能是政府自导自演的独角戏。因而，对于每个经济体而言，改善营商环境的种种举措，必须以通俗易懂的方式为营商人士所知。企业和营商人士的感受度，直接决定了营商环境的排名。

为了更好地找准营商环境建设的关键点和着力点，营商环境评估作为一种政策研究工具应运而生。这其中最为知名的当属世界银行营商环境评估。世界银行于 2001 年成立营商环境（Doing Business）小组来构建营商环境指标体系，自 2003 年发布第一期《营商环境报告》以来，迄今已发布了 17 期评估报告。评估考察对象已扩展至 190 个经济体，涵盖世界大多数国家和地区；评价指标体系也从最初的 5 项一级指标、20 项二级指标，逐步完善到现在的 11 项一级指标、43 项二级指标（实际适用 41 项指标，其中劳动力市场监管指标未引入评价计分系统）。

从企业生命周期角度出发，世界银行《营商环境报告》以企业日常运营为核心，将企业全生命周期分为启动、选址、融资、容错处理 4 个阶段。日常运行包括纳税、跨境贸易 2 项指标，启动阶段包括开办企业、劳动力市场监管 2 项指标，选址阶段包括办理施工许可、获得电力、产权登记 3 项指标，融资阶段包括获得信贷、保护少数投资者 2 项指标，容错处理阶段包括合同执行、破产办理 2 项指标，共 11 项指标。具体指标体系如表 1 – 1 所示。

表 1 – 1　世界银行营商环境指标体系

一级指标	二级指标
开办企业	办理程序
	办理时间
	费用
	开办有限责任公司所需最低注册资本金
办理施工许可	房屋建筑开工前所有手续办理程序
	房屋建筑开工前所有手续办理时间
	房屋建筑开工前所有手续办理费用
	建筑质量控制指数
获得电力	办理接入电网手续所需程序
	办理接入电网手续所需时间
	办理接入电网手续所需费用
	供电稳定性和收费透明度指数

续表

一级指标	二级指标
产权登记	产权转移登记所需程序
	产权转移登记所需时间
	产权转移登记所需费用
	用地管控系统质量
获得信贷	动产抵押法律指数
	信用信息系统指数
保护少数投资者	信息披露指数
	董事责任指数
	股东诉讼便利指数
	股东权利保护指数
	所有权和控制权保护指数
	公司透明度指数
纳税	公司纳税次数
	公司纳税所需时间
	总税率
	税后实务流程指数
跨境贸易	出口报关单审查时间
	出口通关时间
	出口报关单审查费用
	出口通关费用
	进口报关单审查时间
	进口通关时间
	进口报关单审查费用
	进口通关费用
合同执行	解决商业纠纷的时间
	解决商业纠纷的成本
	司法程序的质量指数
破产办理	回收率
	破产法律框架的保护指数
劳动力市场监管	就业监管灵活性
	工作质量控制方面的灵活性

为了确保各经济体之间的数据可比性，世界银行营商环境指标的评价是根据有特定假设的标准化案例的场景设计的。例如一级指标"办理施工许可"是以新建一个用于储存一般物品的地上两层标准仓库为例，考察办理许可所需手续、时间、费用以及建筑质量控制指数4项二级指标。

世界银行在营商环境评估指标构建和实地调研中遵循了"聪明监管"原则（SMART Regulation），即简化（Streamlined）、有效（Meaningful）、可调整（Adaptable）、责任（Responsible）、透明（Transparent）。这也是当前营商环境建设的出发点与评估遵循的基本标准。

综上所述，本书基于世界银行营商环境评估指标体系及其方法论，对东北地区部分城市的营商环境建设进行了客观评价与问题分析，以探寻进一步优化东北地区投资营商环境的内在规律。

第二节　理论基础与文献综述

一、聪明监管理论

1. 政府监管

党的十八届三中全会决定指出，要"紧紧围绕使市场在资源配置中起决定性作用深化经济体制改革"，明确了市场在资源配置中的决定性作用。从经济学上看，若要使市场在资源配置中起决定性作用，充分竞争是关键。只有充分竞争，才会持续不断地促进科技创新、理念创新，才能真正实现大众创业、万众创新的理想局面。当然，这并不代表着市场无所不能。当市场出现自然垄断、外部性、信息不对称等失灵情形时，由政府依据有关的法律规范，主要通过事前许可、事后监督等手段，对企业的进入、退出、价格、服务的数量和质量等活动采取具有直接影响的监管行为①。

监管对规范市场行为、维护市场秩序具有一定的积极作用，但同样，政府监管亦非万能，不能用政府监管完全取代其他市场失灵的解决机制，应根据具体情况和市场发展类型来确定并不断调整各种机制在制度设计中的权重。纵观主要国家的市场与监管的发展历史，均是如此循环并相互交织：自由市场—自我监管—行业监管—政府监管—放松监管—聪明监管②。在处理市场与政府的关系中，尤其是市场经济体系日趋规范成熟的时代，我国需要在竞争的市场与聪明的监管中达到平衡，更要创新政府监管的理念与方式。

2. 聪明监管

聪明监管理论是营商环境建设与营商环境评估比较重要的支撑性理论。"聪明监管"是近年来许多国际组织、国家以及知名人士在谈到监管时频频提及的一个词，最初是在研究环境政策的背景下提出来的，用以描述一种后"命令控制"式的监管风格，以期处理越来越多的技术上和政治上都很复杂的政策问题。"聪明监管"旨在打破那些赞成更强的国家监管和那些倡导放松监管者之间的智识僵局。因此，"聪明监管"提倡转向这样一种监管实施风格：在承

---

① 安东尼·奥格斯. 规制：法律形式与经济学理论［M］. 骆梅英译. 北京：中国人民大学出版社，2008：4-6.

② 杨炳霖. 回应性管制：以安全生产为例的管制法和社会学研究［M］. 北京：知识产权出版社，2012：3-6.

认政府干预将继续存在的同时，将政府干预与一些市场或非市场措施以及公共和私人机构相结合。而且，"聪明监管"必定是"回应"式的，也就是说，监管机构应该认识到它所监管组织的多样性并对此作出回应，使其监管制度适应被监管组织的行为。

经济合作与发展组织（Organization for Economic Cooporation and Derelopment，OECD）早在 1997 年就提倡监管模式超越以往的命令控制式而转向更聪明的模式，并列出了一系列非常明智的做法①。欧盟明确提倡"聪明监管"并将其内涵概括为"管得更少，管得更好"。在 2008 年夏季达沃斯论坛上，欧盟贸易委员会主席认为"金融市场体系不是要有一层又一层的监管，而要有更聪明的监管……就是正确的人在正确的时候集合起来作出正确的反应"②。原高盛大中华区主席胡祖六在 2010 年博鳌亚洲论坛谈到金融监管时，认为"我们需要有一个根本性改革，需要聪明、简单、有效的监管"③。世界银行《2013 年营商环境报告》的副标题即为"更聪明地对中小企业进行监管"。可见，"聪明监管"已经成为监管领域的一种比较普遍的诉求，监管模式已逐渐从传统的命令控制式转向"聪明监管"和"回应监管"（Responsive Regulation）。后两者其实是非常接近和相通的监管模式，"聪明监管"一定也是"回应"式的。而由于"聪明监管"一词具有更为丰富的想象空间，因此在一些政府的监管改革中，往往会将"聪明监管"作为口号提出来。因此，走向"聪明监管"就成了监管改革的一种普遍趋势。

---

① OECD. OECD 监管改革报告：综合［R］. 巴黎：OECD，1997：13.
② 曼德尔森. 市场需要更明智监管［EB/OL］.（2008 - 09 - 27）［2019 - 03 - 30］. htp：//money. 163. com/08/0927/13/4MRQBSID00252VIE. html.
③ 胡祖六. 全球金融监管体制要更聪明、简单和有效［EB/OL］.（2010 - 04 - 11）［2019 - 03 - 30］. http：//business. sohu. com/20100411/n271436933. shtml.

二、世界银行营商环境评估的评介

1. 项目介绍

世界银行营商环境评估是迄今在营商环境领域影响最大的全球公共治理产品之一。世界银行《营商环境报告》项目对 190 个经济体以及所选地方城市的营商法规及其执行情况进行客观评估①。世界银行评估项目启动于 2002 年，旨在对内资中小企业进行考察，评估在企业生命周期内的适用法规。《营商环境报告》通过收集并分析全面的定量数据，对各经济体在不同时期的营商监管环境进行比较，旨在鼓励各国竞相提高监管效率，为改革提供可衡量的基准指标，为学术界、媒体、私营部门研究者及其他关注各国营商环境的人士提供参考。

此外，《营商环境报告》还提供详细的地方性报告，介绍一个国家不同城市和地区的营商监管和改革情况。地方性报告提供营商便捷度方面的数据，对各个地区进行排名，提出各指标领域提升绩效的改革建议。所选城市可以同本经济体内或本地区内其他城市进行营商法规比较，也可以同列入《营商环境报告》排名榜的 190 个经济体进行比较。

《营商环境报告》首次发布于 2003 年，包括 5 项指标和 133 个经济体。2020 年的报告包括 11 项指标和 190 个经济体。大多数指标集涉及各经济体中最大的商业城市的一个案例情景，但对 11 个人口超过 1 亿的经济体（孟加拉国、巴西、中国、印度、印度尼西

---

① 参见：《营商环境报告》项目简介（http：//chinese. doingbusiness. org/zh/reports/global-reports/doing-business-2019）。

亚、日本、墨西哥、尼日利亚、巴基斯坦、俄罗斯和美国），将数据采集范围扩大到第二大商业城市。这 11 个经济体的数据是对两个最大商业城市的人口加权平均值。

2. 《2020 年营商环境报告》

目前最新一版的是 2020 年世界银行营商环境报告。《2020 年营商环境报告》是该年度报告的第 17 期，旨在衡量监管法规是否有助于推动或是限制商业活动。《营商环境报告》应用量化的指数分析比较不同时期 190 个经济体的商业法规和产权保护。

《营商环境报告》涵盖 12 个领域的商业法规。营商环境便利度分数和营商环境便利度排名涵盖了其中的 10 个领域：开办企业、办理施工许可证、获得电力、产权登记、获得信贷、保护少数投资者、纳税、跨境贸易、合同执行和破产办理。《营商环境报告》也衡量了有关雇用员工和政府采购的规定，但是这两个指标不包括在营商环境便利度分数计算和排名中。

通过记录 190 个经济体在 12 个商业活动领域中法规的变化，《营商环境报告》分析了鼓励效率并支持经商自由的法规。《营商环境报告》收集的数据关注了有关政府的三个问题：第一，政府何时改变法规以发展其私营部门？第二，改革派政府的特点是什么？第三，监管变化对经济或投资活动不同方面的影响是什么？回答这些问题会增加我们对发展的认识。

《2020 年营商环境报告》涵盖的数据截止到 2019 年 5 月 1 日，主要有以下特点：报告记录了 2018 年 5 月至 2019 年 5 月发生的 294 项监管改革。在全球范围内，有 115 个经济体使商业活动的进行在《营商环境报告》衡量的领域内更加便利。《2020 年营商环报告》中改善最为显著的经济体是沙特阿拉伯、约旦、多哥、巴林、塔吉克斯坦、巴基斯坦、科威特、中国、印度和尼日利亚。在2018～2019年度，这些国家实施了全球范围内记录1/5的改革。在改革方面，撒哈拉以南非洲、拉丁美洲和加勒比的经济体继续落后。只有两个撒哈拉以南非洲经济体在营商便利度排名前50位；没有拉丁美洲经济体在该组中排名。《2020年营商环境报告》持续显示出发展中经济体与发达经济体之间的稳步趋同，特别是在开办企业领域。自2003～2004年度以来，在开办企业指标上，有178个经济体实施了722项降低或者消除商业进入壁垒的改革。在《2020年营商环境报告》中得分较高的经济体往往会从较高水平的企业活动和较低水平的腐败中受益。尽管经济原因是改革的主要动力，但邻近经济体的发展为监管改革提供了额外的动力。26个经济体对商业的友好程度降低，其引入的31项监管变化遏制了监管的效率和质量。

3. 简要评价

第一，世界银行营商环境评价的主体是相关中介机构、市场主体和专家。营商环境评价围绕市场主体展开，该评价体系就是世界银行为衡量各国企业运营的客观环境而设计的。世界银行将企业的生存周期划定为"企业开办、企业扩建、经营、破产"四个阶段，每个阶段均有一些因素影响或制约企业的运营。营商环境是伴随企业活动整个过程的各种周围境况和条件的总和，包括影响企业活动的社会要素、经济要素、政治要素和法律要素等。

第二，世界银行营商评价指标体系可量化。世界银行认为，"营商环境"就是在一个国家或地区创办和经营企业的难易程度，主要包含企业在开设、经营、贸易活动、纳税、执行合约及关闭等方面遵循政策法规所需付出的时间和成本等条件。营商环境评价指标体系采取问卷调查以及案例分析的方法，通过一个客观的视角来衡量各国的营商环境优劣。

第三，世界银行营商评价指标体系具有可比较性和可借鉴性。其作为较为完善的评价体系，目前已为各国广泛认可，成为衡量营商环境优劣的标准，受到各国政府及投资者的关注。世界银行每年发布《全球营商环境报告》，记录一些关键性营商改革的案例，为各国理解和改善营商环境提供借鉴和参考。比如世界银行 2016 年10 月发布的《2017 年营商环境报告：人人机会平等》，报告显示2016 年全球共有 137 个经济体推行了 283 项关键性营商改革，使全球营商环境和中小企业创立运营便利度不断改善。自 2004 年首次推出《营商环境报告》以来，世界银行共记录了 443 项纳税指标改革，数量仅次于简化开办企业要求的改革，共有近 600 项。

第四，世界银行营商环境评估的每一指标体系，都会以一篇经典文献作为理论支撑①。以世界银行营商环境评估的"开办企业"指标为例，分析其中的价值体系与方法论。"开办企业"是世界银行营商环境评估指标中的第一项。该项指标以四名国外学者共同撰写的著名文献——《准入监管》(The Regulation of Entry) 作为理论依据。这篇 2002 年发表于《经济学季刊》的论文，以实证研究的方法，描述了 85 个经济体准入监管的必要程序，以及完成这些程序所花费的时间和费用。该论文关注的焦点是，企业能够正式营业之前为了满足法律要求所需要承担的成本（体现为时间和费用）以

---

① 罗培新. 世界银行营商环境评估价值体系与方法论 [EB/OL]. [2019 - 04 - 15]. http://www.sohu.com/a/308169772_100005996.

及在政府毫不拖延情况下所需的最短时间。该论文的研究思路是，提出关于"准入监管"的两类截然相反的观点，然后以大量的实证数据来证成或证伪。简单地说，由于这方面的理论总是含混不清的，作者倾向于运用经验证据来形成结论。

第五，世界银行发布《营商环境评估报告》的目的是要推进改革，在广大发展中地区构建良好的规制①。因此，要从企业的角度去发现问题，从政府的层面去解决问题。从企业角度出发是为了有针对性地解决企业准入、经营和退出障碍的基础，而从政府层面解决问题则需要明确政府作为公权力机构，政府不仅负有保证企业健康快速发展的责任，这种责任还必须落实到社会经济效益、社会成员福利上来。这就要求改革者准确、全面地掌握营商监管信息，了解企业发展需求和障碍，触及营商环境优劣的实质问题，即监管的质量问题而非成本问题。此外，政府还要根据自身发展阶段、产业结构分布和生产力水平推进有针对性的改革。

第六，世界银行营商环境评估指标对具体国情的关注不够②。以中国为例，首先，中国地域广袤，区域发展程度差异大、规制环境有区别，但是，世界银行营商环境评估项目对于经济体内区域差异的考察不足。世界银行部分指标的标准化案例与中国实际情况不符。例如开办企业指标衡量一个企业从申请营业执照直到新进人员社保登记的过程，但是中国部分企业在设立之初并不会马上招聘大量雇员，也不会马上有业务需要开具发票，故在中国提供企业开办全链条综合窗口服务可以实现，但提供案例作为佐证的要求与实际

①② 凡帅帅.全球治理公共产品与中国经验——以世界银行营商环境评估为例［D］.北京：中国社会科学院研究生院硕士学位论文，2017.

情况偏差较大。再如办理建筑许可指标和登记财产指标，针对两层小仓库的建设进行审批、兼顾和企业间的买卖转移登记，都与中国国情存在较大偏差。中国国内较少存在两层小仓库的建设，审批监管流程的改革和优化并不能体现出中国工程建设项目审批的实际情况。另外，中国企业间针对仓库和厂房的转移案例特别稀少，属于稀罕事项，不足以说明中国办理转移登记的效率和质量。其次，中国信用管理体系的建设正处于初期阶段，信用体系与市场监管的协同配合需要一个过程。在信用体系不健全的情况下，过度关注营商监管给企业带来的成本，相对忽视监管质量问题，会对社会发展造成一定影响。再次，企业发展受限的原因是体制问题导致的公平竞争缺失、民营企业难以便利获取信息和政策实惠，这需要中央政府有针对性地推动体制改革，地方政府强化公共服务。而世界银行营商环境评估项目的改革建议鲜有包括政府提供公共服务的成分。最后，企业存在异质性、关注的发展障碍多元，地方产业机构和行业分布差异较大，企业和国家（地区）对营商环境需求不同。世界银行营商环境评估项目各项指标平权的处理方式难以提出针对性的建议。

第三节　研究目的与研究意义

一、研究目的

针对目前东北地区营商环境建设的进展情况，本书基于世界银行营商环境评估体系构建了东北地区投资营商环境的评估指标体系，为全面摸清东北营商环境现状提供了科学工具；为梳理东北三省营商环境评估的整体状况，构建起更科学、更全面的评估框架。同时，立足实践，提出优化东北地区投资营商环境的具体政策建议。本书基于对当前东北地区投资营商环境现状、主要问题及关键影响因素的分析，借鉴国内经济发达地区的有益做法与经验，提出优化东北地区营商环境的对策建议，力争为政府决策提供有效的政策借鉴。

二、研究意义

本书的研究对于深化对世界银行营商环境指标体系的理解、客观评价东北营商环境建设的现状、挖掘影响营商环境建设的制约因素具有十分重要的意义。

1. 有助于深化对世界银行营商环境评估指标的理解

世界银行营商环境评估旨在就一个国家或者地区各种监管制度对企业行为和经济结果产生的影响进行量化评价。评价的核心在于反映保障企业建立、运营和发展的制度环境，重点是营商的便利性、效率、成本和市场环境的公平性。连续多年，世界银行在我国只选取北京、上海两座城市参与营商环境评估。但是，由于不同区域营商环境的基础不同、市场主体的发育情况不同、面临的投资兴业问题存在差异，评价结果的参考意义并非100%。因此，本书结合东北地区经济发展和营商环境建设过程中面临的实际问题，内化世界银行营商环境评估指标，参考其他国家和地区营商环境评价指标设计，借鉴国内其他省份的评估工作，在世界银行营商环境评估体系的基础上进行本土化操作，因地制宜，开展关于东北营商环境评估指标设计和具体评估工作的研究，助力东北经济企稳向好发展。

2. 有助于客观评价东北地区营商环境建设的成效与问题

进一步优化营商环境，建立营商环境评价体系是推动经济高质量发展的迫切要求。通过分析营商环境指标，各地可以直接看到自身短板所在，有助于提高补短板的针对性，更好地改善营商环境，助力经济高质量发展。实施东北地区等老工业基地振兴战略是党中央、国务院在 21 世纪做出的重大决策。当前和今后一个时期是推进老工业基地全面振兴的关键时期，面对经济下行压力，通过优化东北地区投资营商环境，将有效应对"投资不过山海关"的社会舆论，破解现实的体制机制困境，促进各类市场主体投资兴业。同时，本书通过对地方政策立法、创新管理体制和运行机制、开展专项整治等系列举措的深入分析，对东北地区营商环境建设的成效与问题做出客观、公允的评价。

3. 有助于挖掘影响东北地区营商环境建设的制约因素

本书通过调查研究和数据分析，找出现阶段东北地区营商环境的短板、存在的问题、面临的困境，同时，借助世界银行营商评估方法论得出东北地区营商环境评价结论，结合实地调研获取的大量感性素材，基于经济学、公共管理学相关学科的理论深入挖掘东北地区营商环境建设的影响因素；另外，在借鉴北京与上海等先进地区做法的基础上，提出优化东北地区营商环境的政策

建议，明确东北地区营商环境建设的主攻方向，使得东北各地方
政府有的放矢出台更有针对性的举措办法，为东北地区提升综合
竞争力、适应经济新常态提供有力指引，为实现东北老工业基地
全面振兴打下基础。

第二章
东北地区营商环境建设的实践探索

在深入推进东北全面振兴和优化营商环境的时代背景下，面临地区发展与区域竞争挑战的东北三省已深刻认识到营商环境建设的重要性，在"放管服"改革与营商环境优化方面频频发力，尤其是在营商环境建设的地方立法探索、机构改革、加强评估与重点整治方面采取有力举措，实现了区域营商环境的阶段性优化。

第一节 加强地方立法，完善营商环境，
建设法治保障

2016年12月7日，辽宁省第十二届人民代表大会常务委员会第三十次会议全票表决通过《辽宁省优化营商环境条例》，该条例自2017年2月1日起正式施行，标志着东北地区首部规范营商环境建设的省级地方法规出台。东北地区营商环境建设在很大程度上决定着东北振兴能否成功，以省级立法的形式加强软环境建设，凸显

了辽宁省优化营商环境的决心，标志着辽宁省营商环境建设将进一步法制化、规范化①。

2019 年 7 月 30 日，辽宁省第十三届人民代表大会常务委员会第十二次会议通过新修订的《辽宁省优化营商环境条例》，条例将于 2019 年 10 月 1 日起正式施行。2016 年 12 月 7 日辽宁省第十二届人民代表大会常务委员会第三十次会议通过的《辽宁省优化营商环境条例》同时废止。修订条例是辽宁省深入贯彻落实习近平总书记在辽宁考察时和在深入推进东北振兴座谈会上重要讲话精神，进一步以优化营商环境为基础，全面深化改革，推进体制机制创新的重要举措，是落实国务院关于深化"放管服"改革、优化营商环境决策部署的必然要求，是破解当前营商环境痛点堵点难点问题的迫切需要。新修订的条例共七章 65 条，其中对优化市场环境、优化政务环境、优化法治环境、优化人文环境和法律责任等方面作出了更加明确和细致的规定，针对性和操作性明显增强。此外，辽宁省辽阳市也于 2017 年制定出台了《辽阳市优化营商环境条例》，成为地级市城市中第一个为营商环境建设专门立法的地区。

2018 年 8 月，吉林省软环境办公室起草了《吉林省优化营商环境条例（征求意见稿）》，并向社会公布，广泛听取社会各界的意见和建议。2019 年 1 月，吉林省人大法工委召开关于修改完善《吉林省优化营商环境条例（草案）》座谈会，邀请吉林省工商联小微企业商会企业家代表对条例草案的修改提出意见和建议。截至 2019 年 4 月，吉林省优化营商环境的法规建设尚在如火如荼地稳步推进，以省级地方法规保障营商环境建设，成为吉林省政府与市场主体的共同期许。

---

① 胡佳林，汤龙. 回望 2016：辽宁振兴十大成就 [EB/OL]. [2017 - 01 - 03]. http：// ln. people. com. cn/n2/2017/0103/c378315-29542507. html.

2019 年 1 月 14 日，黑龙江省第十三届人民代表大会第三次会议通过《黑龙江省优化营商环境条例》，并于 2019 年 3 月 1 日起正式实施。据黑龙江省社会科学院法学研究所所长介绍，条例在起草和制定过程中，认真研究了世界银行关于营商环境指标体系的三次发展变化，充分借鉴了辽宁省、陕西省等省份的条例内容，形成了具有人民性、实践性、可操作性和针对性的条例。

东北三省将优化营商环境建设工作纳入法治化轨道，不仅为促进市场经济健康发展、优化东北地区营商环境建设提供了制度性保障，也为地方政策的出台提供了范本，成为引领各省营商环境建设的标尺。2017 年至今，东北三省以各省的营商环境立法为基准，相继出台了一系列政策文件，政府各职能部门通力协作，重点整治政务窗口服务质量、压缩企业证照办理流程及时间、落实税收减免新政、投放应急转贷资金等营商环境建设过程中遇到的难题（见表 2–1 至表 2–3）。

表 2–1　辽宁省关于营商环境优化的相关政策举措

机构名称	政策文件及主要内容
辽宁省商务厅	2017 年 2 月，出台《辽宁省商务厅进出口许可证签发管理办法（试行）》，坚持依法依规办事，做好进出口许可证工作，为营造良好的营商环境做出新贡献
辽宁省公安消防总队	2017 年 5 月，出台 30 条举措优化营商环境，省消防出台 30 条举措优化营商环境，同时公开举报电话，对落实不到位的单位和个人坚决予以追责
辽宁省工商局	2018 年 3 月，出台《关于落实〈辽宁省优化营商环境条例〉若干意见》，通过 28 项具体措施
辽宁省公安厅	2018 年 5 月，制定《辽宁省公安机关优化营商环境建设"二十条严禁"纪律规定》
国家税务总局辽宁省税务局	2018 年 6 月，发布《国家税务总局辽宁省税务局办税事项"最多跑一次"清单》
辽宁省财政厅	2018 年 8 月，出台优化营商环境 20 条举措

表 2-2　吉林省关于营商环境优化的相关政策举措

机构名称	政策文件及主要内容
吉林省软环境建设办公室	2016 年 12 月，与电力、消防、人防部门建立合作机制，签署《建立优化电力软环境合作机制》《建设优化消防软环境合作协议》《优化人防软环境合作协议》
吉林省工商局	2018 年 6 月，出台《关于进一步优化营商环境支持企业高质量发展的若干意见》
吉林省委政法委	2018 年 12 月，牵头起草《吉林省政法机关依法保障促进民营企业健康发展三十条意见》
吉林省公安厅	2018 年 12 月，出台《吉林省公安机关保障和服务民营企业健康发展助推新时代吉林全面振兴十五条措施》
吉林省检察院	2018 年 12 月，出台《服务民营经济高质量发展十条意见》
吉林省科学技术厅	2018 年 12 月，印发《关于推动民营企业创新发展的实施办法》
国家税务总局吉林省税务局	2018 年 12 月，出台《国家税务总局吉林省税务局支持和服务民营经济发展三十条措施》
吉林省人民政府	2019 年 3 月，印发《吉林省优化口岸营商环境促进跨境贸易便利化工作实施方案》

表 2-3　黑龙江省营商环境优化的相关政策举措

机构名称	政策文件及主要内容
黑龙江省工商局	2018 年 6 月，印发《关于做好电子营业执照发放和应用工作通知》
国家电网黑龙江省电力有限公司	2018 年 7 月，出台 23 条具体措施，进一步优化办电环节、缩短接电时间、降低接电费用，全面提升电力客户获得感
黑龙江省信访局	2018 年 11 月，集中开展专项整治，推动再造工作流程，提升干部能力素质。全省信访战线将着力解决企业反映强烈、群众反映集中、社会普遍关注的信访问题，加大信访事项办理力度，维护企业和群众合法权益
黑龙江省检察机关	2019 年 1 月，制定"八条禁令"服务优化营商环境。陆续出台了《黑龙江省检察机关服务民营经济十条措施》《关于为民营企业经济发展提供有力司法服务和坚强司法保障的意见》等，通过标本兼治、综合施策，为持续优化营商环境提供制度保障

除了从省级政府层面出台的政策法规外，东北地区各地市也认真贯彻落实中央和省级政府关于营商环境优化的工作部署精神，紧跟步伐，相继出台了一系列政策举措，助力企业发展，为争创一流

营商环境做出不懈努力。

辽宁省的沈阳市、大连市等地陆续出台文件，对标先进地区做法，针对改革中可能遇到的问题明确责任单位、制定具体时间表，层层分析，逐一击破。2018 年 12 月，大连市人民政府办公厅印发《关于进一步优化营商环境的实施意见》，针对"以市场为中心、以企业和群众需求为导向，通过全面深化改革，着力解决企业开办、运营、退出全流程各环节存在的痛点、难点、堵点问题，加快构建亲清新型政商关系，有效降低市场运行成本，激发社会发展活力和创造力，为高水平全面建成小康社会、加快推进'两先区'建设提供保障"提出了总体要求①。2019 年 4 月，沈阳市人民政府办公厅印发《沈阳市优化营商环境 85 条政策措施》，以问题和目标为导向、以优化营商环境为基础、以深入解放思想为先导，通过减环节、减时间、减材料、减跑动、减成本，在开办企业、办理建筑许可、获得电力等 7 项指标方面全面优化提升，力争在办理破产、获得信贷、保护中小投资者、执行合同等 11 项指标方面取得突破性进展，补短板强弱项，形成人人都是环境、处处都是环境、事事都是环境的良好局面②。

2018 年，吉林省长春市工商局以长春新区为试点，在全省率先推进"证照分离"改革；推行包容审慎监管，对新业态、新模式、新产业、新技术"四新"市场主体，设定宽容期，强化监管指导；将 207 项行政审批事项纳入"只跑一次"改革范围，90% 的事项实现"最多跑一次"或"一次不用跑"。2018 年 11 月，吉林市同步

---

① 中国经济时报. 大连：优化营商环境进行时［EB/OL］.［2018 - 12 - 07］. https：//baijiahao. baidu. com/s？id = 1619119079619360384&wfr = spider&for = pc.
② 沈阳网. 沈阳优化营商环境再出 85 条政策措施［EB/OL］.［2019 - 04 - 16］. http：//ln. ifeng. com/a/20190416/7383968_0. shtml.

落实"只跑一次"改革，在改革的整体思路上提出了"权力三归"的实践路径，即权力归集、归零、归民。吉林市通过深化改革，全力打造整个东北乃至全国范围内工作效能最高、审批流程最优、发展环境最好、服务质量最佳、群众和企业满意度最高的地区，实现让信息多跑路，群众少跑腿。

2018年6月，黑龙江哈尔滨市市场监管局出台了《关于进一步优化营商环境的若干措施》，从持续推进商事制度改革、着力提升服务效能、营造规范有序市场秩序等方面提出40条优化营商环境的具体举措①。该措施指出，积极开展行政审批改革，进一步破解"办照容易办证难""准入不准营"等突出问题；推进企业名称登记管理改革，充分释放企业名称资源，实行自主申报；实现办理食品相关产品生产许可、计量标准器具核准、机动车安全技术检验机构资质认定"零跑路"或"跑一次"；办理内、外资企业登记事项"不见面"或"最多跑一次"。2019年1月，黑龙江省营商环境建设监督局与哈尔滨新区管理委员会签订打造营商环境示范区合作备忘录，双方将以深入推进"放管服"改革为契机，建立紧密联系工作机制，推动新区实施"4＋1套餐"管理新模式，即实施"承诺即开工""办照即营业""一枚印章管审批""一支队伍管执法"四项创新举措和牢固树立"融转服"新理念，将哈尔滨新区打造成领跑全省、全国一流的营商环境示范区，带动引领全省优化营商环境工作跑出"加速度"②。

---

① 东北网. 哈尔滨市市场监管局出台40条优化营商环境举措［EB/OL］.［2018-04-08］. http：//baijiahao. baidu. com/s？id =1597140327180187198&wfr = spider&for = pc.
② 刘姝媛. 哈尔滨："4＋1套餐"助新区打造营商环境示范区［EB/OL］.［2019-01-13］. http：//hlj. people. com. cn/n2/2019/0113/c220027-32523827. html.

第二节　深化机构改革，理顺营商环境，建设管理体制

为深入贯彻党中央关于深化党和国家机构改革的重要指示精神和工作部署，东北三省及各地先后制订机构改革方案，牢记中央使命，明确管理职责，不遗余力完成机构改革任务，尤其是在营商环境建设管理体制改革方面开辟新路径，为营商环境建设提供坚强的组织保障。

2018 年 10 月 13 日，辽宁省省级机构改革动员大会在沈阳召开①，会议全面落实党中央、国务院正式批准的《辽宁省机构改革方案》，标志着辽宁省机构改革工作由制订方案阶段转入组织实施阶段。在本次机构改革中，2017 年成立的全国唯一的省级营商环境监管机构"辽宁省营商环境建设监督局"，将调整为"辽宁省营商环境建设局"，并升格为辽宁省政府直属机构。新机构权责统一，负责辽宁省政府的软环境事务，具有独立的行政管理职能②。这无疑有利于机构秉承既定工作思路，强力推进辽宁省营商环境建设。

2018 年 10 月 28 日，按照黑龙江省委、省政府深化全省机构改革统一部署，黑龙江省营商环境建设监督局举行挂牌仪式，标志着黑

---

① 孔爱群. 省营商环境建设局挂牌成立　张雷出席挂牌仪式［EB/OL］.［2018 – 11 – 09］. http：//liaoning. nen. com. cn/cms_udf/2018/lnjgaige/index. shtml.

② 胡印斌. 营商环境建设局升格省直机构，辽宁是要动真格了［EB/OL］.［2018 – 10 – 19］. https：//baijiahao. baidu. com/s？ id = 1614732614919968891&wfr = spider&for = pc.

龙江省营商环境建设监督局正式组建并开始履行职责①。依照《黑龙江省机构改革方案》要求，将黑龙江省政府办公厅的企业和创业投诉管理、发展环境整治、网上政务平台建设、网上审批监督管理、流程再造等职能整合，组建省营商环境建设监督局。面对新使命、新职能、新挑战，黑龙江省营商环境建设监督局党组表示，坚决贯彻落实省委、省政府的决策部署，将满怀信心、不遗余力把营商环境建设监督的职责履行好，以新气象、新担当、新作为奋力开创黑龙江省优化营商环境建设新局面。

2016 年，吉林省委、省政府专门组织召开了全省软环境建设大会，就加强全省软环境建设工作做出部署。同年，成立吉林省软环境建设办公室，为吉林省软环境建设领导小组的办事机构，统筹推进全省软环境建设工作。2018 年 11 月 16 日，吉林省政务服务和数字化建设管理局（吉林省软环境建设办公室）正式挂牌②。按照《吉林省机构改革方案》要求，本次机构改革将吉林省政府办公厅的电子政务建设、政务公开协调、行政审批制度改革、"数字吉林"建设、优化营商环境建设等多项职能整合，组建了吉林省政务服务和数字化建设管理局，作为吉林省政府直属机构，加挂吉林省软环境建设办公室牌子③。吉林省政务服务和数字化建设管理局（吉林省软环境建设办公室）以机构改革作为重要契机，将着力优化政治生态、体制机制和营商环境，加快推动吉林高质量发展。

---

① 于海明. 黑龙江省营商环境建设监督局挂牌成立 ［EB/OL］. ［2018 – 10 – 28］. http：//www. hlj. xinhuanet. com/rmzx/2018 – 10/28/c_137563925. htm.

② 杨蕾. 吉林省政务服务和数字化建设管理局（吉林省软环境建设办公室）挂牌 ［EB/OL］. ［2018 – 11 – 16］. http：//wemedia. ifeng. com/88318444/wemedia. shtml.

③ 周柏航. 吉林省成立省软环境建设办公室 ［EB/OL］. ［2016 – 10 – 18］. http：//news. cnjiwang. com/jwyc/201610/2242884. html.

第三节　深化"放管服"改革，
优化监管机制

2018 年 6 月，辽宁省省长唐一军在辽宁省营商局召开座谈会时强调，要以打造发展环境最优省份为目标，坚持建设与监督、治标与治本、抓点与带面、革故与鼎新、敢为与善为和业务与队伍相结合，持续深化"放管服"改革，着力解决营商环境的突出问题，拿出超常规的努力和不寻常的政策措施，全力打造发展环境最优省，吸引最好的项目、最好的人才来辽宁，从而实现辽宁全面振兴，重振雄风，再创辉煌①。

2018 年 6 月，黑龙江省委副书记、省长王文涛在深化"放管服"改革转变政府职能电视电话会议上指出，"放管服"改革是一场重塑政府和市场关系、刀刃向内的政府自身改革，也是近年来实现经济稳中向好的关键一招，更是深化供给侧结构性改革、打造高效透明政务环境的重要内容。要准确把握好"放管服"的内在联系，放是前提、管是保障、服是目的，通过改革放出活力、管出公平、服出效益。各级政府和部门要用真抓实干推动"放管服"改革任务落实，坚持以行动为准则，以目标为导向，以结果论成败，加快节奏，确保各项工作扎实推进。各级各部门要宁可跨前一步形成重叠，也不能退后一步形成缝隙，打通政策落实的"最先一公

---

① 潘世杰. 辽宁将持续深化"放管服"改革不断优化营商环境［EB/OL］.［2018 - 06 - 21］. http://www.chinadevelopment.com.cn/news/zj/2018/06/1290319.shtml.

里"①。

2018 年 9 月，吉林省将简政放权、放管结合、优化服务作为全面深化改革的"先手棋"和转变政府职能的"当头炮"，持续推进"放管服"改革。以"权力瘦身"激发市场活力和社会创造力，确保权力放得下、用得好、效率高，不断激发市场活力和社会创造力；以"有形之手"施公平之策维护良好市场环境，政府职能重心从以审批为主的事前监管，变为以监督管理为主的事中事后监管；以"只跑一次"为重要抓手深化服务流程再造，吉林省深入学习借鉴浙江省"最多跑一次"等"放管服"改革成功经验，全面梳理确认行政许可事项，全部纳入政务大厅受理，印发了《全面推进"只跑一次"改革实施方案》，逐一解决"审批领域"梗阻现象②。

第四节　完善政务服务，降低制度性成本

2019 年 4 月，为深入推进"互联网＋政务服务"，辽宁省以企业和群众办事创业需求为导向，加快建设一体化在线政务服务平台，到 2019 年底前省级政务服务事项网上可办率不低于 90%。根据国务院办公厅要求和辽宁省政府统一部署，辽宁省司法厅积极推进全省一体化在线政务服务平台建设，日前完成省级司法行政系统的行政许可、行政给付、行政确认三类政务服务事项目录及办事指南调整完善工作，并按要求与国家政务服务平台实现初步对接。通

---

① 王坤. 黑龙江推进"放管服"改革以良好营商环境吸引资本和项目 [EB/OL].
[2018－06－28]. https：//heilongjiang. dbw. cn/system/2018/06/28/058023803. shtml.
② 李抑嫱. 一场"刀刃向内"的自我革命——我省深化"放管服"改革纪实 [EB/OL].
[2018－09－09]. http：// jlrbszb. cnjiwang. com/pc/ paper/c/201809/09/content_62136. html.

过全面实行事项目录管理，辽宁省将进一步加快政务服务一体化建设，尽快实现"一网通办"，打造权力瘦身的"紧身衣"，不断提高政务服务效能，为巩固和拓展"放管服"改革成效提供制度保障①。

2018 年 5 月，吉林省政府 2018 年第八次常务会议上讨论并通过《吉林省群众和企业办事"只跑一次"事项清单（省级）》，吉林省群众和企业办事正式进入"只跑一次"时代。吉林省各地、各部门统一思想认识，建立工作机制，对照"只跑一次"改革目标，倒排工期，拿出时间表、路线图、施工图，决意一个节点一个节点兑现，打好"只跑一次"攻坚战。随后，吉林省出台"一窗受理、集成服务"指导意见、"证照分离"改革试点方案、施工图联合审查实施意见、不动产登记指导意见、企业投资项目审批流程改革实施方案等 11 个文件，将"只跑一次"改革持续推向深入。同时，通过深入推进"互联网 + 政务服务"、实施减证便民行动、优化政府服务模式等有效手段，不断提升吉林省政务服务的水平，为企业"松绑"，为群众"解绊"，为市场"腾位"。

2019 年 3 月，黑龙江省营商环境建设监督局坚持把解放思想的出发点和落脚点放到优化营商环境、助推经济高质量发展上，坚持把创新理念体现和融入到优化服务中，并将哈尔滨新区作为创新实践载体，推行了"承诺即开工""办照即营业""一枚印章管审批""一支队伍管执法"等举措。综合运用互联网、云计算、大数据、区块链等现代化技术手段，加快建设全省一体化在线政务服务平台

---

① 辽宁省营商局.《辽宁省加快推进全省一体化在线政务服务平台建设实施方案》政策解读 [EB/OL].［2019 - 03 - 22］. http: //www. ln. gov. cn/zfxx/zcjd/201903/t20190322_3455544. html.

和省市两级政府数据共享交换平台，于 2019 年 9 月底前上线运行，实现全省"一张网"。深化行政审批制度改革，进一步优化工作流程图，健全完善动态管理权责清单和服务菜单，推进"流程再造"，全面提升服务质量和服务效能①。

第五节　引入第三方机构，提升营商环境建设水平

自 2017 年以来，东北三省纷纷将营商环境评估作为营商环境建设和优化的基础性工作，积极引入第三方机构或组织本地区、本部门相关科研力量开展本地区的营商环境评估。2018 年 4 月，辽宁省营商环境建设局建立辽宁营商环境评价体系，并尝试开展评价工作。2017 年 1 月，沈阳市政府新闻办组织召开打造国际化营商环境专题发布会，依照国内某高校关于沈阳当前营商环境整体评估报告和 9 个分报告，明确了转变政务服务办职能，统一市、区两级行政审批流程、标准；完成联合审批平台、多规合一平台、项目信息平台建设以及行政审批流程再造等 15 项重点任务并公布各部门监督电话，着力解决企业实际困境，倾力打造国际化的营商环境。2017年 3 月，朝阳市委组织本市 18 家相关单位和某高校评估团队召开营商环境第三方评估会议。

2019 年，黑龙江省对照国际标准和最好水平，改进完善考评方式，以科学考评推动优化营商环境常态长效。以市场主体感受为评

---

① 杨帆. 黑龙江提升政务服务质量推动营商环境持续向好［EB/OL］.［2019 - 03 - 21］. https：//baijiahao. baidu. com/s? id = 1628623349414946674&wfr = spider&for = pc.

判标准，对全省 13 个市（地）以及哈尔滨新区开展了试评价，通过营商环境"大体检"，知短板、明弱项、促提高。建立营商环境评价长效机制，将营商环境指标纳入 2019 年市（地）和省直部门目标责任制考核，力求通过强化结果运用，更好地发挥考核评价的"风向标""指挥棒"作用。在全省设立了 100 个监测点、10 个重点监测区域，从各领域聘请 100 名社会监督员，全方位、立体式地参与评价，推动优化营商环境成效考实考准，不断提升营商环境建设水平。2017 年 9 月 12 日，鹤岗市政府和北京某集团正式签约开展营商环境第三方评估项目。

第六节　加强重点整治，解决突出问题

2018 年，辽宁省营商局解决了一批痛点、堵点、难点问题，清理偿还政府欠款 194 亿元，取消规范了 530 项涉及企业和群众办事创业的证明，提高政务服务效率。2018 年共取消调整省级行政职权 521 项，成为全国行政许可事项最少的省份之一。辽宁省工业和信息化厅按照辽宁省委、省政府的决策部署，以培育壮大民营工业企业的总体实力为主线，以贯彻落实《中小企业促进法》为抓手，积极推动全省民营工业企业高质量发展。国家电网辽宁电力有限公司构建以客户为中心的服务体系，全力服务"一带一路"建设，为主要港口和中欧班列提供强劲电力保障；全力满足重点领域、重点项目用电需求。建立线下团队快速响应线上服务，打造办电"最多跑一次"服务流程，提升供电服务质效。

吉林省大力推行"多证合一"改革。在"32 证合一"的基础上，增加旧机动车交易业备案、报废机动车回收拆解业备案等 22 项业务办理量大、企业需求迫切的证照，实现"54 证合一"，办理时间平均压缩 85% 以上。目前，全省已有 39 万户市场主体办理了"多证合一"登记。持续为各类市场主体减负担。为了找出振兴发展的"堵点"，寻到破解症结的"难点"，在规范企业投资项目审批、持续放宽市场准入条件的基础上，以政府名义发布 9 个清费减负优化发展软环境措施通告，推出清费减负政策措施 72 项，累计减轻企业负担 268.1 亿元。建立全省统一"双随机一公开"综合监管平台，将省、市、县三级共 3150 个行政执法部门全部纳入监管平台。按照于法有据的原则，45 个省级部门共梳理出 846 项检查事项，做到"清单之外无检查"；全省入库检查对象 220.5 万户，入库检查人员 5.7 万人，做到检查对象和检查人员全覆盖。目前，累计开展抽查 9979 次，检查市场主体 18.7 万户。落实 52 个部门共同签署的《吉林省失信企业协同监管和联合惩戒合作备忘录》，累计对 756 名失信被执行人、105 户企业违法失信行为实施联合惩戒。严厉打击制售假冒伪劣、价格欺诈、虚假广告、电信诈骗、侵犯知识产权等严重扰乱市场秩序行为。国家电网吉林电力有限公司初步形成"以客户为中心""强前端""大后台"的现代服务新体系。构建营销集约管控中心，建设供电服务指挥中心，深化"全能型"乡镇供电所；实现智能交费应用城乡全覆盖；推动电能替代和电能清洁供暖发展；实施八大服务工程，深化居民、企业办事"只跑一次"工作，线上办电率达到 100%；编制完成"三型一化"营业厅建设、培训实操手册，促进营销窗口标准化建设。

2018 年，黑龙江省纪检监察机关查处破坏营商环境问题 1347 个、处理 1767 人；查处不作为、乱作为问题 832 个，处理 1126 人。

2019 年，黑龙江省将健全政企沟通机制，实行领导干部日常联系企业制度，定期开展调研、见面恳谈，到企服务、现场办公，及时了解情况、答疑解惑，构建亲清新型政商关系。推进流程再造、压缩时限。市、县两级事项由 96459 项归并整合为 9371 项，共减环节 36171 个、减前置件 38654 个。大庆市以为企业群众"办好一件事"为标准梳理优化部门联办事项 124 项，鹤岗市不动产一般登记业务办理时限压缩到 4 个工作日。推进网上办事、社会公开。建立完善全省数据共享交换体系，分级分批向社会集中公布"跑一次、网上办、马上办、就近办"事项。齐齐哈尔市加强数据共享、业务协同，调用国家部委数据量全省最高。黑龙江省公安厅 211 项政务服务事项中已实现"最多跑一次"198 项、"网上办"84 项。推进"四零"延伸、大厅升级。集成设置服务窗口，全面推行"一把手"走流程、处（科）长坐窗口，设立网上评价投诉监督平台，大厅事项平均进驻率达到 60%。双鸭山市行政审批中心推行综合窗口受办模式，354 个事项可"一窗"办理。牡丹江市经开区办事大厅按照国家标准规范化管理设置，服务水平明显提升。推进试点先行、示范引领。哈尔滨市深入再造流程、推进数据共享、清理"奇葩"证明，全力实现线上"零跑路"、线下"跑一次"。发布市、县两级"最多跑一次"事项 12583 项、占 95.3%；与黑龙江省政务服务网等 20 个业务系统对接，"网上办"事项达 11133 项。紧盯企业群众反映强烈的突出问题，集中开展 7 个专项整治。具体包括：开展机动车特殊号牌集中整治。采取清查底数、社会公告、提示告知、上门催缴、路检路查等措施，收回特殊号牌 1393 副，全部完成整治任务。开展窗口服务突出问题集中整治。规范服务标准，普及服务即时评价系统，全省窗口服务水平有效提升。国务院办公厅反馈的 28 个问题已全部整改到位，各地各单位自查问题 1909 个、完成整改 1802 个。开展政府失信违诺专项清理。分级调查摸底并建立失信违诺事项清单和工作台账，全面清理招商引资政策。市、县共排查出涉嫌政府失信违诺事项 666 件，已整改完毕 209 件①。

第七节　开展营商环境大调查

2017 年 6 月 13 日至 8 月 31 日，按照辽宁省委、省政府要求，辽宁省营商环境建设监督局以问题为导向，对鞍山、抚顺、本溪、丹东、锦州、营口、辽阳、盘锦、葫芦岛 9 个市和辽宁省环保厅、交通厅、国土厅、工商局、安监局，以及辽宁省电力有限公司、沈阳海关等 15 个单位贯彻落实《辽宁省优化营商环境条例》情况进行了专项检查。检查组对每个检查地区进行为期 10 天左右的驻扎检查，单独行动、单独办公。采取明察暗访、个别谈话、问卷调查、企业家座谈等方式开展专项检查②。2019 年 2 月，辽宁省公安厅为充分发挥全省公安政务网络平台作用，组织全省公安机关依托"一站双微"平台，开展"营商环境大家评"活动。

2018 年 4 月，黑龙江省深化机关作风整顿领导小组办公室通过问卷调查、网络调研等方式向企业发放《全省营商环境企业专题调研调查问卷》，同时，在哈尔滨、齐齐哈尔、牡丹江、大庆、伊春、鸡西六市进行实地座谈调研。2018 年，针对一些部门存在不作为、

---

① 2018 年黑龙江省深化机关作风整顿优化营商环境工作综述：以过硬作风重塑投资营商新环境［EB/OL］.［2019 – 01 – 21］. http：//mini. eastday. com/a/190121084532336 – 2. html.

② 辽宁整治营商环境 628 例被问责处理 254 人［EB/OL］.［2019 – 09 – 19］. https：//ln. qq. com/a/20170919/020775. htm.

乱作为、慢作为，一些行政审批和执法权力集中单位个别干部以权谋私、弄权勒卡，一些职能部门服务不优、效率低下、衙门作风严重和个别窗口单位纪律涣散、作风松弛等问题，黑龙江省打出常态化明察暗访、抓典型立案查案的一记重拳。省级成立专门暗访督查组 5 个，各市（县）成立暗访督察组 682 个，采取暗访大厅、现场检查、模拟办事、访谈群众等方式，集中查处多起典型案件。省级共开展 7 轮次明察暗访发现问题线索 301 件、办结 172 件；市（县）共发现问题线索 5166 件，办结 4812 件①。

2018 年 8 月，国家统计局吉林调查总队对吉林省 9 个市（州）、10 个县（市、区）的政务服务大厅、政府相关服务部门及 100 余户企业开展了调研、座谈与访问。结果显示，吉林省政策环境规范宽松、政务环境公开透明，营商环境日益改善，企业获得感明显增强②。

第八节　营商环境优化的阶段性成效

东北三省近年来优化营商环境的一系列举措取得阶段性成效。2018 年 11 月，在第五届中国智慧城市创新大会上，《东北主要城市营商环境（DBN – 10）评估报告 2018》首次公开发布，显示东北主要城市营商环境持续改善，沈阳、大连、哈尔滨、长春四市互有优劣，营商环境竞争加剧。

---

① 孙佳薇. 我省深化机关作风整顿优化营商环境亮点回眸［EB/OL］.［2019 – 02 – 11］. http://www. hlj. gov. cn/zwfb/system/2019/02/11/010893431. shtml.

② 赵广欣，曲菠，刘佳元. 调查结果显示：吉林省企业获得感明显增强［EB/OL］.［2018 – 08 – 28］. http://jl. people. com. cn/n2/2018/0828/c349771 – 31983905. html.

　　2018 年 11 月，中国财富网联合万博新经济研究院共同推出《2018 中国营商环境指数报告》。该报告显示，2018 年中国 31 个省级行政区（不包括香港特别行政区、澳门特别行政区和台湾地区）营商环境指数排名前十位的分别为上海、北京、江苏、浙江、广东、山东、天津、福建、辽宁、湖北，东北地区仅辽宁一省入围前十行列。与此同时，万博营商环境指数在一定程度上反映了区域经济转型进度。例如，东北老工业基地均面临着严峻的转型压力，谁有望率先突出重围，焕发出新的经济活力，仅在直观上是较难判断的。但从营商环境指数的评价结果来看，已经展露出些许端倪：辽宁、吉林和黑龙江的转型进度并不相同，其中辽宁的营商环境更具优势，转型步伐更快。辽宁的营商环境总分为 58.22 分，在东三省中排名居前，居全国第 9 位。辽宁近年来改革政策不断深化、产业结构持续优化。受益于多年工业化的人才积累，辽宁的高等院校、研发人员和人口素质在全国范围内仍处于较高水平，为稳增长、促改革奠定了良好基础。2017 年，辽宁 GDP 增速由负转正，经济出现回暖迹象。与辽宁相比，黑龙江和吉林则存在一定差距。其中，黑龙江在软环境方面的排名处于全国后十位。吉林的硬环境指数得分在全国排名后五位，在基础设施建设方面仍有较大发展空间①。

---

　　① 倪铭娅. 2018 中国营商环境指数报告出炉：上海北京江苏夺前三［N/OL］. 中国证券报，［2018 - 11 - 13］. http：//finance，sina com. cn/roll/2018 - 11 - 13/doc-ihnstwwr 2814294. shtml.

第三章
基于世界银行指标的
中国营商环境分析

世界银行《营商环境报告》对全球 190 余个经济体的营商环境建设情况进行了客观评价与对标分析，现将其中涉及中国营商环境评估结果梳理分析如下。

第一节　总体得分情况

世界银行《营商环境报告》是以"前沿距离"指标来显示当前每个经济体离"前沿水平"的差距。前沿距离反映在 0 ~ 100 的数值区间，其中 0 分代表最差表现，100 分代表前沿水平，前沿距离可以表示年度营商便利度的完善程度。

根据世界银行于 2019 年 10 月发布的《2020 年营商环境报告》，以"前沿距离"指标来表示中国营商环境总体水平，它代表中国在每个指标上曾达到的最佳表现。最新版评估报告显示，中国内地"前沿距离"分数为 77.9 分，总体排名为第 31 名（见图 3 – 1、图 3 – 2）。

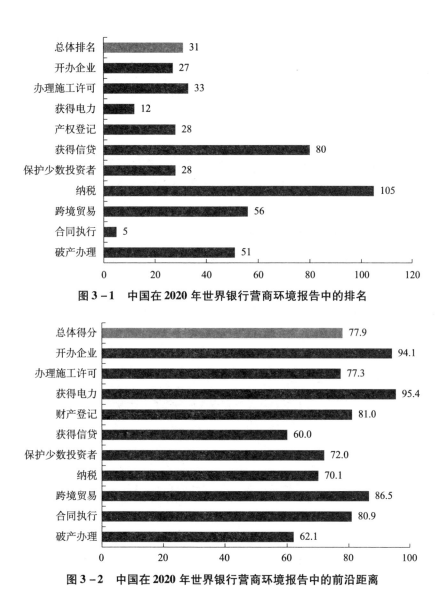

图 3 - 1　中国在 2020 年世界银行营商环境报告中的排名

图 3 - 2　中国在 2020 年世界银行营商环境报告中的前沿距离

第二节　与部分发达经济体比较

根据世界银行《2020 年营商环境报告》，营商环境排名前列的经济体包括新加坡、中国香港、美国、瑞典、中国台湾、德国、日本等（见图3-3）。这些发达经济体的普遍特征是营商高度法治化，以健全的商业法规、高效的行政措施，提高了营商环境的透明度、便利度。

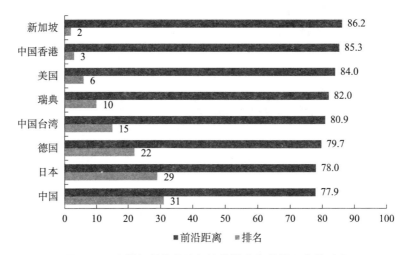

图3-3　中国与其他发达经济体排名和前沿距离的对比

第三节　与历年结果比较

一、总体比较

世界银行的《营商环境报告》通过持续跟踪研究各时期经济体商业监管中具有可竞争性、可对比性以及可改革性且能够量化的部分来衡量监管过程，以期帮助政府发现行政过程中存在的问题并加以改正。自2003年首次发行以来，《营商环境报告》在其衡量的10个商业监管领域内已经启发了3500余项改革。中国通过相关领域的改革，排名总体处于上升趋势，与 2019 年相比，2020 年中国的总体排名上升了 15 位，名列第 31 名，这也是世界银行《营商环境报告》发布以来中国的最好名次（见图 3 – 4）。中国作为全球第二大经济体，市场主体体量众多、形态多元，商业监管本身具有高度复杂性，能取得这样的成绩得到了世界银行专家的认可和赞叹。

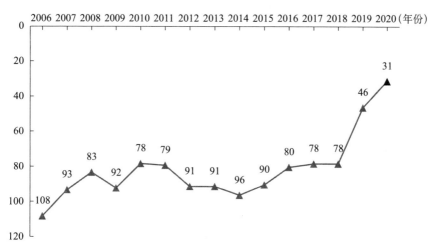

图 3 – 4　2006 ~ 2020 年中国营商环境的排名

中国在营商环境排名上之所以取得了如此突出的进展，主要是由于作为参评城市的北京和上海严格对标世界银行评价指标体系，自 2017 年以来出台了一系列的优化措施，从客观上改善了中国的营商环境。

以北京为例，2018 年 3 月，北京市政府出台 "9 + N" 营商优化政策，推出《关于进一步优化营商环境提高企业开办效率的通知》《进一步提升纳税等便利度优化营商环境的工作措施》《关于进一步优化金融信贷营商环境的意见》等 9 项主要政策及 N 项配套措施 "礼包"，从开办企业、纳税、金融信贷、跨境贸易等多个方面为企业和社会办事大幅度精简程序环节、减少时间及费用成本，进一步活跃北京营商的市场环境。

同样，上海将 2018 年定义为"营商环境改革之年"，由上自下深入推进一系列行政审批制度改革，最大限度地精简行政审批事项，共取消、调整审批事项 1800 余项，率先开展"证照分离"的改革试点，企业开办时间缩短 1/3 以上。同时，上海加快以"一网通办"为核心的智慧政府的建设，打造网上政务服务统一平台，已涵盖 100% 的各部门的审批事项，企业和市民办事多数事项实现"最多跑一次"。2018 年 12 月，在上海国际智库高峰论坛上，世界银行中国局中国营商环境项目组负责人马尔钦·皮亚考斯基表示，"上海推出的一些改革，已经成为全世界的模板"。

二、分指标比较

按照世界银行评价指标体系，北京和上海在各项指标上都采取了强有力的改革与优化措施，现将两地部分指标的具体做法予以简要介绍。

1. "开办企业"指标

2019 年 2 月，北京市市场监督管理局、北京市税务局、北京市人力社保局、北京市公安局、中国人民银行营业管理部、北京市住房公积金管理中心联合印发《关于深化营商环境改革推进全程网上办理提高企业开办效率的通知》（京市监发〔2019〕4 号），通过推进企业开办全程网上办理，开发新版"e 窗通"市级企业开办网上服务平台，推广电子营业执照的应用，将申请营业执照（含免费公章及员工信息采集）、涉税事项申报（含领用发票）合并为一个环节，申请人"一次填报、一网提交，一窗办理"，最多跑一次即可完成企业开办，具备经营条件。

2019 年 4 月初，北京市市场监督管理局、北京市税务局、北京市人力社保局、北京市公安局、中国人民银行营业管理部、北京市住房公积金管理中心六部门联合印发《关于提高企业开办效率的通告》（通告〔2019〕10 号），申请人通过"e 窗通"平台办理业务，可同步申请营业执照（含免费公章及员工信息采集）、涉税事项申报（含领用发票）。各部门优化审批流程，大幅提升审核效率，市场监管部门 1 天内予以核准并向企业颁发电子营业执照，发票申领由限时办结改为即时办结，企业设立后可当日一次性获取营业执照（免费公章）和发票。

2019 年 4 月 28 日，北京市市政府办公厅印发《关于做好电子营业执照应用推广工作的通知》（京政办发〔2019〕12 号），以北京市"一网通办"平台为基础，以便捷、高效、便民、利企为目标，推进电子营业执照与政务服务、税务、人力社保、统计、公积金等部门的对接应用，稳步推进电子营业执照在各领域的广泛使用。电子营业执照应用范围将逐步扩大。

2019 年 4 月 29 日，中国人民银行上海分行印发了《关于取消企业银行账户许可的公告》，自 2019 年 4 月 30 日起，取消上海市企业银行账户许可，中华人民共和国境内依法设立的企业法人、非法人企业、个体工商户（以下统称企业）在上海市银行开立、变更、撤销基本存款账户、临时存款账户，由核准制改为备案制，中国人民银行不再核发开户许可证。开户许可证不再作为企业办理其他事务的证明文件或依据。

2019 年 4 月 30 日，上海市市场监督管理局和上海市公安局联合印发了《关于本市提供免费刻制公章服务的公告》，新设企业通过开办企业"一窗通"服务平台选择免费刻制公章的，可以在区行政服务中心的开办企业"一窗通"服务专区一窗领取纸质营业执照、公章和发票。此套公章为基础材质，含法定名称章、财务专用章、发票专用章、法定代表人章共4枚，由各区行政服务中心免费提供。

2. "办理施工许可"指标

2018年5月，国务院办公厅印发了《关于开展工程建设项目审批制度改革试点的通知》（国办发〔2018〕33号），北京和上海作为改革的试点城市，积极推进工程建设项目审批制度改革。

2018年9月，北京市人民政府办公厅印发了《关于北京市工程建设项目审批制度改革试点实施方案》（京政办发〔2018〕36号），将工程建设项目审批流程划分为立项用地规划许可、工程建设许可、施工许可、竣工验收四个阶段，全流程审批时间压缩至100个工作日以内，其中社会投资项目审批时限压缩至45个工作日以内。

2018年3月，北京市规划和国土资源管理委员会、北京市公安局消防局、北京市民防局、北京市住房和城乡建设委员会联合印发了《关于全面推行施工图多审合一改革的实施意见》（市规划国土发〔2018〕83号），在2017年已将防雷审查纳入施工图审查的基础上，将消防审查和人防审查也合并由综合审查机构对建设工程涉及公共利益和公众安全等方面内容进行整体安全性审查，解决各部门之间重复审查、意见矛盾的问题，缩短审批周期，多审合一后，原施工图审查、消防审查和人防审查由法定的45个工作日压缩到15个工作日，提高了审查效率。

2018年9月，北京市住房和城乡建设委员会印发了《关于做好

工程建设项目审批制度改革试点工作的通知》（京建发〔2018〕470
号），建设项目新申办建筑工程施工许可证的，取消"建设单位项
目资金落实证明文件"，由建设单位出具《建设项目法人承诺书》，
承诺项目建设资金已经落实。取消建设项目施工合同备案。将工程
质量监督注册、工程施工安全监督备案和建设工程施工许可证核发
合并办理。建设单位需承诺施工图设计文件符合国家标准规范，新
建扩建项目、现状改建项目应在底板施工前取得审查合格书。

　　2018 年 10 月，北京市住房和城乡建设委员会印发了《关于北
京市建设工程竣工联合验收实施细则（试行）的通知》（京建发
〔2018〕481 号），验收单位有市、区两级的规划国土部门、住房城
乡建设部门、交通部门、城市管理部门、质量技术监督部门、民防
部门、水务部门、消防部门、档案行政主管部门以及给水、排水、
热力、燃气、电力等市政公用服务企业。建设单位只需在"建设工
程联合验收管理平台"系统上填报一次共享信息和专项验收资料，
共享信息供各主管部门或市政公用服务企业共同审验，联合验收办
理时限为 7 个工作日。

　　2018 年 11 月，北京市规划和国土资源管理委员会和北京市发
展和改革委员会联合印发了《北京市政府投资工程建设项目"多规
合一"协同平台运行规则（试行）》（市规划国土发〔2018〕381
号），由发展改革主管部门依据近期建设规划提出计划安排，下达
前期工作计划单，启动策划生成。根据建设单位提供的上报文件，
结合相关部门会商意见及各类评价结果，市规划国土部门在 30 个
工作日内形成"多规合一"协同意见，作为办理相关审批手续和可
研预评估等工作的依据。规划国土主管部门将"多规合一"协同意
见书面告知建设单位，同时函告各相关部门开展下一步工作，促进

项目生成阶段流程优化，信息共享。

2018 年 1 月，上海市印发了《关于进一步深化本市社会投资项目审批改革实施办法的通知》（沪府办发〔2018〕4 号），将全市社会投资项目划分为"工业项目""小型项目"和"其他社会投资项目"三类，从取得土地后到获得施工许可证为止，政府审批时间原则上分别不超过 15 个、35 个、48 个工作日。

2018 年 3 月，上海市社会投资项目审批改革工作领导小组印发了《关于进一步深化本市社会投资项目竣工验收改革实施办法的通知》（沪社审改〔2018〕2 号），要求全市社会投资项目办理竣工验收及备案实行"一口申请、一网办理、分类审批、提前服务、限时办结、统一发证"。建设单位应当在组织竣工验收后，统一申请涉及工程质量、规划国土、消防、交警、卫生、绿化市容、民防、防雷及其他特定领域的验收及备案，各行政管理部门应当提供并联验收服务。"小型项目"和"其他社会投资项目"政府办理竣工验收及备案自统一申请受理之日起原则上分别不超过 10 个、15 个工作日。

2018 年 3 月，上海市政府和上海市城乡建设管理委员会印发了《关于进一步改善和优化本市施工许可办理环节营商环境的通知》（沪建建管〔2018〕155 号），针对上海市社会投资的房屋建筑工程，建设单位可以自主决定发包方式，不再强制要求进行招投标；取消建筑工程施工许可证核发前的建设资金落实情况审核，不再要求建设单位提供银行资金到位证明以及支付给施工企业的预付款证明，改为由建设单位出具建设资金落实和无拖欠工程款承诺。在上海市社会投资的"小型项目"和"工业项目"中，不再强制要求工程监理。

2018 年 4 月，上海市住房和城乡建设管理委员会和上海市规划和国土资源管理局联合印发了《关于进一步推进本市社会投资项目审批改革工作的通知》（沪建规范联〔2018〕3 号），对于纳入审批改革实施范围的社会投资项目，取消建设工程勘察、设计、施工、监理等招标发包、直接发包手续、申请表盖章和各类审批以外的信息报送，并取消相应的交易服务费；进一步提升施工图审查机构审查人员的学历要求，要求从业人员必须满足本科及以上的学历要求。

2018 年 3 月，上海市水务局印发了《关于进一步优化营商环境深化供排水接入改革的意见的通知》（沪水务〔2018〕287 号），要求上海市供排水接入工程，在申请竣工验收的同时，由建设单位向相关单位并联申请、并联施工，接入时间原则上最长不超过 20 个工作日，平均用时不超过 10 个工作日。用户申请自来水接入，无外线工程的用户接入原则上不超过 5 个工作日，有外线工程且需道路开挖的用户接入原则上不超过 20 个工作日。用户申请排水接入，不属于特定行业的原则上在 1 个工作日内完成，属于特定行业的原则上不超过 10 个工作日。

2018 年 7 月，上海市人民政府印发了《关于上海市工程建设项目审批制度改革试点实施方案的通知》（沪府规〔2018〕14 号），将工程建设项目审批的基本流程划分为立项用地规划许可、工程建设许可、施工许可、竣工验收四个审批阶段。实行"一家牵头、一口受理、并联审批、依次发证、告知承诺、限时办结"，由牵头部门组织协调相关部门严格按照限定时间完成审批。上海市工程建设项目各阶段、各环节手续统一通过"中国上海"网上政务大厅进行办理，依托上海市建设工程联审共享平台，加强与其他管理部门信息平台的共享互通，实现审批管理系统"横向到边、纵向到底"。

2018年9月，上海市工程建设项目审批制度改革工作领导小组印发了《关于上海市企业投资工程建设项目审批制度改革试点实施细则的通知》（沪建审改〔2018〕2号），明确实施范围、办理事项、实施流程、职责分工、项目分类、办理时限、项目前期研究、精简审批环节、提升咨询服务水平等内容。明确取消建设工程报建、供水工程建设审批、建筑节能设计审查备案、施工合同备案、施工图设计文件审查备案、建设项目消防设计备案、对配套绿化工程竣工图和验收结果的审查、建设资金到位证明、无拖欠工程款情形的承诺书、建筑业工伤保险手续、建设项目压覆矿产资源情况证明等事项。

3. "获得电力"指标

国家电网公司对企业用电申请流程进行了大幅度优化，并通过网络扩容和提供全免费的电力服务，以及推出面向客户的手机 App 等，让电力服务的"用户体验"极大提升，也使中国获得电力指标的排名从第98名一跃提升至第14名。

2018年2月，国家电网北京市电力有限公司发布了《关于明确低压客户获得电力服务相关内容的通知》（营销〔2018〕7号），明确客户报装用电申请容量在160千瓦及以下的，以低压（0.4千伏）方式供电。在客户完成报装后，无须客户往返营业厅，由电力公司负责勘察施工和装表接电。取消小微企业内部工程图纸审核环节，实现低压非居民报装三个环节30个工作日内完成。供电容量160千瓦及以下的客户报装项目按照低压供电办理，因低压客户接入引起的表和表箱及以上配电网新（改）建工程，不再由客户出资建设，改为公司出资建设，减少小微企业建设费用。

2018 年 6 月，北京市城市管理委员会、北京市规划和国土资源管理委员会、北京市住房和城乡建设委员会、北京市园林绿化局、北京市交通委员会路政局、北京市公安局公安交通管理局联合印发了《关于北京市进一步优化电力接入营商环境的意见》（京管发〔2018〕54 号），要求规划国土、住房城乡建设、交通路政、公安交管、园林绿化等部门优化审批事项工作流程，缩短审批事项工作时间。电网企业精简用户申请材料，对企业内部工作流程进行优化、缩短办理时间，将办理时限、标准、流程等向社会公开。明确先办理规划许可审批手续，施工许可、绿地树木审批、道路（城市道路、公路）占掘路许可、影响交通安全的占道施工许可四个审批环节可并行办理，提高工作效率。

2018 年 2 月，上海市发展和改革委员会、上海市经济和信息化委员会、上海市公安局、上海市规划和国土资源管理局、上海市交通委员会、上海市绿化和市容管理局联合印发了《关于上海市进一步优化电力接入营商环境实施办法（试行）的通知》（沪发改规范〔2018〕3 号），按照"能并则并、能简则简、分类处理"的原则，形成规划许可、绿化许可、掘路许可、占路意见书等环节的并联审批、同步操作。明确方案设计环节、行政审批环节各阶段的牵头部门和办理时限。

2018 年 3 月，国家电网上海市电力有限公司印发了《关于进一步降低客户接电成本、优化办电服务流程的通知》（国网上电司办〔2018〕222 号），落实客户一口对外、一证受理、一站服务"三个一"的服务，落实客户告知程序，供电公司为业扩配套项目实施主体，全程代办相关手续，为客户提供一站式服务。配套电网项目投资到客户电能表，下放业扩配套电网项目管理权限，提高配套电网项目物资供应效率，推行不停电作业保障客户按时接入，健全政府证照许可部门沟通制度。

4. "产权登记"指标

2018年3月，北京市规划和国土资源管理委员会、北京市住房和城乡建设委员会、北京市地方税务局、北京市政府审改办联合印发了《关于"互联网+不动产登记"改革实施方案的通知》（市规划国土发〔2018〕78号），北京市各区规划国土部门会同住建（房管）和地税部门，在不动产登记场所设置"综合服务窗口"，根据业务关联度、受理量及税收征管情况等因素确定窗口服务内容。梳理制定不动产登记办事主题清单。一是推广不动产登记办事网上服务，实施不动产登记线上线下一体化办理。规划国土部门在不动产登记管理系统中搭建网上服务平台，在保留现有申请模式的基础上，建立线上预审、线下核验、一次办结机制，逐步推动各类依申请启动的不动产登记业务分期分步纳入网上办理。二是推行登记办事移动客户端预约。三是强化购房资格审核协同办理。四是推动不动产登记信息网上查询。

2018年3月，北京市规划和国土资源管理委员会印发了《关于进一步优化营商环境缩短不动产登记办理时限的通知》（市规划国土发〔2018〕73号），进一步压缩办理时限，对原规定的当日办结和10个工作日内办结两类办理时限按照登记类型调整为当日办结和5个工作日内办结两类。将缴纳登记费同领取不动产权证书合并为同一环节。

2018年12月，北京市规划自然资源委联合北京市住房城乡建设委和国家税务总局北京市税务局印发了《关于不动产登记、房屋交易及税收征管领域办事"一网、一门、一次"服务规则（试行）的通知》（京规自发〔2018〕62号），依据申请登记事项，当事人通过网上服务平台填报信息，实行网上联办，当事人提交不动产登记预审后，对涉及联合办理的登记事项，服务平台将相应信息推送至不动产登记、税务等部门进行审核。预审通过后，当事人携带申请材料原件到不动产登记场所，窗口工作人员查验通过后，正式受理，并按照事项的办理流程完成审核、登簿等工作，将结果反馈给服务平台，通过短信、移动终端等通知当事人领取结果。

2018年2月，上海市不动产登记局印发了《关于本市实施不动产登记"全网通"服务改革的通知》（沪不动产登〔2018〕9号），实行全面服务、网上办理、信息互通。上海市不动产登记局还印发了《关于不动产登记综合业务工作流程（试行）的通知》，在交易登记大厅入口附近设置预检台（总咨询台），在综合窗口预收件，明确规定房屋状况查询审核、税务审核、登记审核的人员要求、现阶段和下一阶段的工作要求。

5. "获得信贷"指标

2018年3月，北京市金融工作局、中国人民银行营业管理部、中国银行业监督管理委员会北京监管局联合印发了《关于进一步优化金融信贷营商环境的意见的通知》（京金融〔2018〕52号），明确提出：一是降低金融信贷成本，规范金融机构收费和信贷行为，推动在京法人银行自主减免1～2项收费项目，保证总体收费水平逐年降低。降低企业融资担保成本，鼓励在京融资担保机构不收取企业客户保证金，确需收取的，确保还贷解保时及时退还。二是压缩金融信贷审批时间，鼓励银行业金融机构建立针对同一类型小微企业客户的金融信贷专业化分类、批量化营销、标准化审贷、差异化授权机制。三是创新绿色金融信贷模式，银行业监管部门在其网站定期披露辖区内银行绿色信贷情况。鼓励银行业金融机构针对绿色、低碳、循环经济等项目信贷业务开辟授信审批的快速通道。还采取了拓展贷款抵（质）押物范围、定制小微企业针对性金融服务、完善政策性农业信贷担保体系、提高公积金信贷审核效率、实现公积金贷款登记变更"不跑路"、实现动产抵押登记"一次办结"服务等多项举措。

2018 年 4 月，上海市金融服务办公室、中国人民银行上海分行、中国银行监督管理委员会上海监管局联合印发了《关于提升金融信贷服务水平优化营商环境的意见》（沪金融办〔2018〕45 号），提出要完善差异化货币贷款政策和监管政策；完善本市农业信贷担保体系，扩大担保资金扶持对象和业务范围；督促金融机构依法合规收费，清理规范企业融资中间环节费用，降低企业信贷成本；实施科技型中小企业、小微企业信贷风险补偿和信贷奖励政策；搭建多样化信贷服务平台。

6. "保护少数投资者"指标

2019 年 4 月 28 日，最高人民法院发布《最高人民法院关于适用〈中华人民共和国公司法〉若干问题的规定（五）》，对《公司法》适用中的相关问题进一步明确，对中小投资者权益保护等相关制度进行完善，有利于为经济高质量发展创造良好的法治环境。涉及的主要内容有：一是明确了关联交易损害公司利益的，履行法定程序不能豁免关联交易赔偿责任。实践中，人民法院审理公司关联交易损害责任纠纷案件时，相关行为人往往会以其行为已经履行了合法程序而进行抗辩，即经过了公司股东会或董事会决议批准，且行为人按照规定回避表决等。但是，关联交易的核心是公平，通过出台司法解释，强调尽管交易已经履行了相应的程序，但如果违反公平原则、损害公司利益，公司依然可以主张行为人承担损害赔偿责任。同时规定符合条件的股东可以提起代表诉讼，请求对关联交易中相关合同确认无效与撤销，为中小股东提供了追究关联人责任、保护公司和自身利益的利器。二是明确了董事职务的无因解除与相对应的离职补偿。在此要厘清公司与董事系委托法律关系，委托人与受托人均有权解除委托关系，即公司可以随时解除董事职务，无论任期是否届满，都进一步增强了股东的权利，降低代理成本。同时对于解除董事职务的，综合考虑多种因素给予董事合理补偿。三是在司法解释四的基础上，进一步提出了公司完成利润分配的时限要求，明确公司最迟应当自作出分配决议之日起一年内完成利润分配，使中小股东利润分配权得到充分保障。四是建立了有限责任公司股东重大分歧解决机制，强调法院在相关案件审理中强化调解，引导股东协商解决分歧，恢复公司正常经营，避免公司解散。

2019 年 4 月 29 日，北京市高级人民法院制定了《关于依法公正高效处理群体性证券纠纷的意见（试行）》（以下简称《意见》），并下发全市法院。《意见》针对群体性证券纠纷，特别是其中最具代表性的证券虚假陈述责任纠纷，在依据法律、法规及相关司法解释规定的前提下，探索在管辖权异议处理、证据取证、确立示范案件、全程全方位调解、引入专业支持、降低诉讼成本等程序性环节中，为中小投资人建立便捷、高效的绿色诉讼通道，及时化解矛盾，保护中小投资者的合法权益。

2019 年 4 月 17 日，证监会发布了《关于修改〈上市公司章程指引〉的决定》（中国证券监督管理委员会公告〔2019〕10 号）。紧接着，4 月 30 日，上海证券交易所发布了《关于修改上海证券交易所股票上市规则的通知》（上证发〔2019〕52 号）和《关于修改上海证券交易所科创板股票上市规则的通知》（上证发〔2019〕53 号），深圳证券交易所也发布了《关于修改深圳证券交易所股票上市规则有关条款的通知》（以下简称《上市公司章指引》）和《关于修改深圳证券交易所创业板股票上市规则有关条款的通知》（深证上〔2019〕245 号，以下简称"沪深交易所《股票上市规则》"）。主要涉及三方面内容：一是进一步明确了董事聘任解聘。修订后的《上市公司章程指引》规定，"董事由股东大会选举或者更换，并可在任期届满前，由股东大会解除其职务。董事任期（年数），任期届满可连选连任"。沪深交易所《股票上市规则》也配合作出了修订。二是规定了子公司不得收购母公司股份。修订后的沪深交易所《股票上市规则》规定"上市公司控股子公司不得取得该上市公司发行的股份。确因特殊原因持有股份的，应当在一年内依法消除该情形。前述情形消除前，相关子公司不得行使所持股份对应的表决权"，不断提高上市公司质量。三是规定股东大会应当设置会场，以现场会议形式召开，并应当提供网络投票方式，同时明确了股东大会现场会议召开的地点和变更要求。该规定充分借鉴了实践中的成熟做法，为股东参加股东大会提供了便利。

7. "纳税"指标

2018 年 3 月，北京市财政局、北京市国家税务局、北京市地方税务局、北京市人力资源和社会保障局、北京住房公积金管理中心联合印发了《关于进一步提升纳税等便利度优化营商环境工作措施的通知》（京财税〔2018〕567号），推行全业务、分时点预约办税，纳税人可通过网上办税服务厅、微信等方式预约办税，减少纳税人等候时间；推行涉税业务全市通办，方便纳税人就近办税；新办企业涉税事项当天办结；推进存量房交易网络预核、印花税网上申报、退税电子化等业务。

2018年7月，财政部和国家税务总局联合印发了《关于进一步扩大小型微利企业所得税优惠政策范围的通知》（财税〔2018〕77号），自2018年1月1日至2020年12月31日，将小型微利企业的年应纳税所得额上限由50万元提高至100万元，对年应纳税所得额低于100万元（含100万元）的小型微利企业，其所得减按50%计入应纳税所得额，按20%的税率缴纳企业所得税。

国家税务总局上海市税务局、上海市财政局、上海市人力资源和社会保障局和上海市住房和城乡建设管理委员会联合印发了《进一步优化税收营商环境行动方案（2018年–2020年）的通知》（沪税发〔2018〕95号），提出到2018年底，纳税人年度纳税时间压缩至130小时以内，年度纳税次数减少至7次，主要涉税服务事项90%实现网上办理，纳税基本信息60%可共享；到2019年底，纳税人年度纳税时间压缩至110小时以内，主要涉税服务事项80%实现一网通办，纳税基本信息70%可共享；到2020年底，纳税人年度纳税时间压缩至100小时以内，主要涉税服务事项90%实现一网通办，纳税基本信息80%可共享。

8."跨境贸易"指标

2018年3月，国家口岸管理办公室印发了《关于提升跨境贸易便利化水平的措施（试行）的通知》（国岸发〔2018〕3号），海运集装箱货物进出口业务实现集装箱设备交接单及港口提箱作业信息化流转，取消海运提单换单环节，推进口岸物流信息电子化，实现报检、报关同步"并联"受理，将通关单电子数据联网核查从电子审单环节后移至报关单放行环节。

2018年12月，北京市商务委员会（北京市人民政府口岸办公室）、天津市人民政府口岸服务办公室、北京海关、天津海关、北京出入境检验检疫局、天津出入境检验检疫局联合印发了《关于进一步优化营商环境提升京津跨境贸易便利化若干措施的公告》（2018年联合公告第3号），要求海运集装箱港口作业实行信息电子化流转，完善码头"网上营业厅"系统，实现预约集港、提箱计划申报、缴费、综合查询等服务功能网上24小时受理。关检取消纸质海运提单/提货单验核环节，实行海运提单、装箱清单（载货清单）信息电子化流转，实施检验检疫电子放行。企业可预约查验单位在非工作时间和节假日办理查验手续。在国际贸易"单一窗口"实现"机电产品进口许可证"申报功能。

2018年3月，北京出入境检验检疫局、天津出入境检验检疫局联合印发了《关于提升贸易便利化水平服务措施的通告》（京检通〔2018〕21号），京津两地实行"审单放行"2小时办结工作机制；建立申报绿色通道机制，加大对北京企业进出口业务的服务力度；建立查验绿色通道机制，无特殊情况下保障货物随检、当天完成；深化检验检疫申报无纸化，降低企业单证准备时间。

2018年9月，北京市商务委员会、北京市财政局联合印发了《关于北京市外经贸发展资金支持北京市跨境电子商务发展实施方案的通知》（京商务财务字〔2018〕25号），针对跨境电子商务企业、跨境电子商务服务企业、在市内开设跨境电子商务体验店，采取线上下单、线下展示销售等方式，开展跨境电子商务销售的企业和具备一定实力，通过完善海外仓和海外运营中心等服务设施，以B2B方式为企业开拓市场提供综合配套服务的跨境电子商务企业，采用贷款贴息、资金补助的方式进行支持。对新建跨境电子商务体验店支持标准：对体验店租金按照实际租赁面积进行补助，补助金额不超过体验店实际年租金的30%。补助标准：东西城区1.8元/平方米/日；朝海丰石及通州副中心155平方千米以内区域1.35元/平方米/日；其他城区0.75元/平方米/日；单店年度租金支持金额不超过200万元。对除租金外其他投资，按照不超过审定实际投资50%的标准给予资金支持。

2018年3月，上海市口岸服务办公室、上海市发展改革委员会、上海市商务委员会、上海市交通委员会、上海市财政局、上海海关和上海出入境检验检疫局联合印发了《关于上海口岸优化跨境贸易营商环境若干措施的通知》（沪口岸政〔2018〕15号），推进报检报关、通关与物流"并联"作业，便利企业同步进行通关与物流作业，对已卸至海关监管场所的进口货物，将是否布控查验信息发送前移，海关接受申报后将是否查验要求即通知企业。便利企业办理进口集装箱放箱手续，船公司凭提货单即可办理集装箱设备交接单发放。完善集装箱"通关＋物流"跟踪查询应用系统，扩充到单一窗口移动版和港务业务办理系统，便利企业查询货物到港及时进行申报，查询流程办理进度。由上海市商务委员会审批的机电类进出口许可证办理时限由2个工作日压缩到1个工作日。

9."合同执行"指标

2019年3月28日，最高人民法院出台《关于修改〈最高人民法院关于严格规范民商事案件延长审限和延期开庭问题的规定〉的决定》，对"其他应当延期"的情形和延期开庭审理次数进行了严格限制。

2018年12月，北京市高级人民法院出台《北京市高级人民法院关于对外委托鉴定评估工作的规定（试行）》，在办理委托、机构审查、当事人交费、补充或者重新提交鉴定评估材料等重点环节，通过设置严格的程序和期限，优化工作流程，加强节点管控，强化审判管理和监督指导，实现普通案件有效率，重大案件有监督，有效缩短鉴定评估周期。

2019年2月22日，北京市高级人民法院印发了《北京法院网上立案和微信预约立案工作办法（试行）》，明确对一审买卖合同纠纷、借款合同纠纷、金融借款合同纠纷、承揽合同纠纷、委托合同纠纷的商事案件在全市法院范围推行网上直接立案。对适用网上直接立案的案件，当事人在立案、审判、归档等阶段不需向法院提交纸质版起诉材料。

2019年2月27日，上海市高级人民法院印发了《关于网上立案、电子送达、电子归档的若干规定（试行）的通知》（沪高法〔2019〕76号）和《关于在互联网公开相关司法数据的若干规定（试行）的通知》（沪高法〔2019〕77号），进一步方便当事人诉讼、节约诉讼成本，提高诉讼效率，主动接受当事人和社会公众的监督，增强司法工作透明度。

10."破产办理"指标

2019年1月，"北京破产法庭"成立，相对集中管辖了一批破产案件，切实提高了破产案件办理专业化水平和质效，接下来计划通过进一步集中管辖提高破产审判专业化水平，进而提升破产案件办理质效。

2018 年 4 月 4 日，北京市高级人民法院印发了《北京市高级人民法院关于加快破产案件审理的意见的通知》（京高法发〔2018〕156 号）。该意见规定对于债权债务关系明确、债务人财产状况清楚的破产案件，在保障当事人诉权的前提下，通过缩短程序时间、简化程序流程等方式加快案件审理进程。

2019 年 4 月 25 日，北京市高级人民法院印发了《北京市高级人民法院关于破产程序中财产网络拍卖的实施办法》（以下简称《办法》）。该《办法》规定，破产程序中债务人财产处置应优先采用网络拍卖方式。《办法》施行后，可有效提高破产财产处置效益，占债务人财产价值约 5% 的传统线下拍卖形成的破产成本也将得到大幅度降低，北京成为这方面出台相关举措的第一个省级行政单位。

第四章
基于世界银行评估指标的东北地区营商环境分析

为了全面梳理东北三省营商环境建设现状、发现问题并对标先进，本书选取了东北地区的 A 市、B 市、C 市、D 市和 E 市作为东北地区营商环境评估的代表城市，根据世界银行营商环境评估方法论（以下简称世行方法论）对各城市的营商环境水平进行评估调研。根据评估结果，得到了 5 个城市营商环境的总体水平，本书以这 5 个城市的营商环境水平反映东北地区营商环境的水平。

第一节　总体得分

根据世界银行发布的《营商环境报告》，本书同样以"前沿距离"这个指标来表示各市营商环境总体水平。前沿距离显示当前每个经济体离"前沿水平"的差距，它代表各市在每个指标上曾达到的最佳表现。前沿距离反映在 0 ~ 100 的数值区间里，其中 0 分代表最差表现，100 分代表前沿水平，前沿距离可以表示年度营商便利度的完善程度。

东北地区 5 市的营商环境前沿距离及排名情况如表 4 - 1 所示。

表 4 - 1　东北地区 5 市的营商环境前沿距离及排名情况

营商环境评价指标	A 市	B 市	C 市	D 市	E 市
排名（位）	78	91	84	69	73
前沿距离总分数（分）	65.53	63.04	64.83	68.72	67.96
开办企业	83.10	86.06	84.40	86.72	88.04
办理施工许可	46.61	41.96	45.56	51.88	56.98
获得电力	65.84	62.22	68.81	77	77
产权登记	79.41	72.99	74.58	79.24	75.19
获得信贷	60	60	60	60	60
保护少数投资者	48.33	48.33	48.33	48.33	—
纳税	52.06	53.80	59.78	66.22	58.72
跨境贸易	82.97	69.91	73.75	82.59	80.12
合同执行	81.17	79.34	77.29	79.36	79.37
破产办理	55.82	55.82	55.82	55.82	55.82

通过城市对比可以发现，东北地区 5 市中 D 市的营商环境得分最高（68.72 分），排名最靠前（第 69 位）；而 B 市的营商环境得分最低（63.04 分），排名最靠后（第 91 位）。同时也可以发现，在 10 个营商环境评价指标中，各城市开办企业指标得分最高，均在 80 分以上。

第二节　开办企业

一、"开办企业" 世行方法论

该主题衡量各经济体最大商业城市一家中小型有限责任公司在开

办和正式运营的手续数量、时间、成本和最低实缴资本等方面的要求。

为了使 190 个经济体中的数据具有可比性，《营商环境报告》选用了一家标准化的企业，即 100% 为国内私人所有，启动资金相当于人均收入的 10 倍，从事一般工业或商业活动，并且自开始运营后一个月内聘请 10~50 名员工（其中大部分为本国公民）。"开办企业"指标考量在所有方面均一致的两类本地有限责任公司，但其中一类公司由 5 位已婚女士所有，而另一类公司则由 5 位已婚男士所有。各经济体的开办企业便利度排名由各自开办企业指标得分整理决定。这些得分为各项分指标得分的简单平均值（见表 4-2）。

表 4-2 "开办企业"世行方法论

指标衡量的是什么	案例研究的假设
合法开办和运营公司所需的手续（数量）： ● 预先注册（例如，名称验证或预约、公证） ● 在经济体最大的商业城市注册 ● 注册后（例如，社会保险登记、公司印章） ● 获得配偶的许可开办企业或离家注册企业 ● 获取任何用于公司注册和运营的特定性别文件或国民身份证 完成每项手续所需的时间（日历天数） ● 不包括收集信息的时间 ● 每项手续从单独的日期开始（两项手续不能在同一天开始） ● 全部在网上完成的手续记为半天 ● 收到最终文件即视为手续已完成 ● 未事先与官员接触 完成每项手续所需的成本（人均收入百分比）： ● 仅为官方费用，不包括贿赂	为了使各个经济体的数据具有可比性，这里对企业和相关手续作了若干假设。我们的假设是：可以方便获得任何需要的信息，且企业家无须贿赂相关官员 该企业： ● 是一家有限责任公司（或为与其等同的法律实体）。如果某个经济体中有几种类型的有限责任公司，则选择国内企业里最常见的一种类型。关于最常见的公司类型的信息来自创业咨询律师或者统计机构 ● 在经济体最大的商业城市运营 对于收集了第二大商业城市数据的 11 个经济体： ● 整个办公室的大小大约为 929 平方米（10000 平方英尺） ● 为 100% 的国内私人所有；有 5 名所有人，但都不是法人实体；启动资本为人均收入的 10 倍；营业额至少达到人均收入的 100 倍 ● 从事一般性工业或商业活动，例如生产或向公众销售产品或提供服务。该企业不从事外贸活动，也不经营须缴纳特殊税费的任何产品，例如烟、酒。不采用污染严重的生产工艺 ● 租赁商业厂房或者办公室，不是房地产所有者，且办公区域的年租金等于人均收入 ● 没有资格享受投资激励措施或者任何特别的优惠

指标衡量的是什么	案例研究的假设
● 无专业人士服务费，除非法律规定或实践中通常要求 最低实缴资本（人均收入百分比）： ● 在注册前或在注册后三个月内存入银行或第三方的资金	● 开始运营以后的一个月内，至少有 10 个、最多有 50 个雇员，这些雇员全部都是本国公民 ● 有一个 10 页长的公司章程 所有者们： ● 已经达到了法定成人年龄。如果法定成人年龄不明确，假设为 30 岁 ● 是理智的、有能力的、健康的，并且没有犯罪记录的 ● 是已婚的，婚姻遵照一夫一妻制，并且已在政府登记 ● 如果答案根据适用于有关女性或男性的法律制度有所不同（例如在法律多元的经济体中），所使用的答案将适用于大多数人口

二、"开办企业" 指标得分情况

东北地区 5 市 "开办企业" 指标得分情况如表 4－3 所示。

表 4－3　东北地区 5 市 "开办企业" 指标得分情况

营商环境评价指标	A 市	B 市	C 市	D 市	E 市
开办企业（分）	83.10	86.06	84.40	86.72	88.04
程序（个）	9	8	9	8	7
时间（个工作日）	20	14	15	12	12
成本（人均可支配收入,%）	1.87	2.07	1.5	0.8	2
最低法定资本金（人均可支配收入,%）	0	0	0	0	0

根据表 4－3 可知，从开办企业得分上来看，E 市的开办企业得分最高（88.04 分）；A 市开办企业得分最低（83.10 分）。

从程序上来看，E 市开办企业程序个数最少，有 7 个；A 市和 C 市开办企业程序个数最多，有 9 个，主要差距在申领营业执照和新进人员社保登记两个程序上（见表 4－4 和表 4－5）。

表 4 - 4   A 市开办企业流程

序号	办理环节		法定时限（个工作日）	承诺时限（个工作日）	费用（元）
1	公司核名	申请公司名称核准，领取《企业名称预先核准通知书》	10	1	0
2	申领营业执照	办理工商登记，申领营业执照	15	3	0
3	印章刻制	印章刻制	20	2	560
		领章			
4	公司开设银行账户	开设银行基本账户	—	5	198.4
5	税务部门登记（国）	一照一户登记信息确认	1	1	0
		纳税人存款账户账号报告			
		财务会计制度及核算软件备案			
		签订三方协议			
		实名办税			
6	申领发票	增值税一般纳税人登记	—	5	480（可全额抵扣，不计入总费用）
		发票票种核定			
		增值税税控系统专用设备购买			
		增值税税控系统专用设备初始发行			
7	税务登记（地）	税务登记	1	1	0
8	企业用工登记	企业用工备案	—	1	0
9	新进人员社保登记	养老开户、医保开户、失业开户	—	1	0
合计	共 9 个环节		—	20	758.4

表 4 - 5   E 市开办企业流程

序号	办理手续		时间（个工作日）	费用（元）
1	公司核名	申请公司名称核准，领取《企业名称预先核准通知书》	2	0
	申领营业执照	办理工商登记，申领营业执照		
2	印章刻制	印章刻制	3	560
		领章		

序号	办理手续		时间（个工作日）	费用（元）
3	公司开设银行账户	开设银行基本账户	4	0
4	税务部门备案	信息确认	1	0
		税（费）种核定		
		实名办税采集		
		网上税务局用户注册		
		财务会计制度及核算软件备案报告		
		存款账户账号报告		
		签订三方协议		
		增值税一般纳税人登记		
5	领购发票	发票票种核定		480（可全额抵扣）
		增值税税控系统专用设备购买		
		增值税税控系统专用设备初始发行		
		发票领用		
6	用工备案	企业用工备案	1	0
7	社保中心开户	五险合一	1	0
合计	共7个手续		12	560

从时间上来看，D市和E市办理开办企业时间最少，需要12个工作日；A市用时最多，需要20个工作日。

从成本上来看，B市开办企业成本最高（占人均可支配收入的2.07%）；而D市开办企业成本最低（占人均可支配收入的0.8%）。

在中国，开办企业不收取最低法定资本金，因此各城市最低法定资本金占人均可支配收入的比例为0。

三、"开办企业"指标存在的问题

梳理东北地区5市"开办企业"指标，对标中国样本城市北京和上海，本书发现东北地区"开办企业"指标仍存在以下问题：

1. 刻章费用较高

刻章费用是指刻制企业公章、企业财务章、发票专用章、合同专用章、企业法人名章的合计费用。根据调研，A 市和 E 市刻章费用为 560 元，B 市刻章费用为 450 元，C 市刻章费用为 420 元。与之相比，上海市对新办企业收取刻制公章费用为 300 元；北京市为新办企业免费送一套印章，东北地区刻章费用普遍偏高。

2. 流程仍较烦琐

在东北地区 5 市中，开办企业基本上都需要 8 个手续，包括公司核名、申领营业执照、印章刻制、公司开设银行账户、税务部门登记、申领发票、企业用工登记、新进人员社保登记。而 2018 年上海经过不断的改革，开办企业指标手续已减少到 4 个。手续过多、流程烦琐是影响东北地区开办企业指标前沿距离得分低的主要因素之一，办理流程亟待优化。

3. "多证合一" 仍需进一步整合

信用代码分为社会信用代码和机构信用代码。社会信用代码以公民身份证号码和组织机构代码为基础，经"三证合一"改革后，实现了工商局一次性统一办理。而机构信用代码由中国人民银行发布，用于办理征信、信贷、账户、现金、票据、外汇等业务时企业的身份验证，目前仍需企业在开户之后通过银行单独办理，且根据不同银行要求，有的银行不能与开户许可证一起下发，办理时间不等。单独办证增加了不必要的办理手续，有待与银行开户业务合并，实现进一步优化整合。

4. 办理手续反复奔波两地现象严重

在设备购买环节中，办理人需要携带国税局开具的《试点纳税人增值税发票管理系统安装使用通知书》，到航天信息有限公司购买税控开票系统专用设备（金税盘、报税盘），之后需要携带税控设备返回国税局办理发行业务，再返回航天信息公司申请安装。期间需要反复奔波于国税局和航天信息公司。东北大部分地区的政务服务大厅都没有实现税控设备购买与安装一站式服务，增加了经办人的路程耗时和办理难度。

5. 网络化办理有待加强

全程电子化工作宣传仍需加大力度。尽管政府发布多部文件提出落实全程电子化工作，并实施了多项工作进行宣传推广，如在公共行政服务大厅摆放全程电子化宣传单，在咨询帮办、受理等环节积极向办事人员宣传电子化服务等，但实际效果却不尽如人意。究其原因，一是大多数企业开办者对此政策并不了解；二是企业经办人认为网上操作可能会遇到麻烦还是去现场办理比较稳妥；三是年纪大的经办人不会使用网络只能去窗口办理。

第三节　办理施工许可

一、"办理施工许可"世行方法论

本主题对构建仓库的过程、时间和成本进行跟踪，包括获取必要的许可证和执照，提交所有必要的通知，请求和接受所有必要的检查，以及获得公用事业设施连接。此外，"办理施工许可证"指标还衡量建筑质量控制指数，以评估建筑法规的质量、质量控制和安全机制的优点、责任和保险制度以及专业认证要求（见表4-6）。

表4-6 "办理施工许可"世行方法论

指标衡量的是什么	案例研究的假设
依法建设仓库的相关手续（数量） ● 提交所有相关文件，并获取所有必要的批文、执照、许可证和证书 ● 提交所有必要的通知，并接受所有必要的检查 ● 获得供水和排污的公用事业设施连接 ● 在仓库竣工后进行登记和销售 完成每项手续所需的时间（日历天数） ● 不包括收集信息的时间 ● 每项手续从单独的日期开始，全部在网上完成的手续例外 ● 收到最终文件即视为手续已完成 ● 未事先与官员接触 完成每项手续所需的成本（人均收入百分比）： ● 仅为官方费用，不包括贿赂 建筑质量控制指数（0~15） ● 建筑物质量法规（0~2） ● 施工前质量控制（0~1） ● 施工期间质量控制（0~3） ● 施工后质量控制（0~3） ● 责任和保险机制（0~2） ● 专业认证（0~4）	为了使各个经济体的数据具有可比性，这里对建筑公司、仓库项目和公用事业设施连接进行了若干假设 建筑公司： ● 是一家有限责任公司（或为与其等同的法律实体），并在经济体最大的商业城市运营 对于收集了第二大商业城市数据的11个经济体： ● 为100%的国内私人所有；有5名所有人，但都不是法人实体。拥有一名注册建筑师和一名注册工程师，且均在当地建筑师或工程师协会注册登记。假设建筑公司没有聘请任何其他技术或注册专家，例如地质或地形学专家 ● 拥有用于建设仓库的土地，且将在仓库建设竣工对其进行销售 仓库： ● 将用于进行一般的存放活动，如存放图书或文具等 ● 将建成两层，均在地上，总建筑面积大概为1300.6平方米（14000平方英尺）。每层将为3米（9英尺，10英寸）高，将位于一块100%由建筑公司所有的约929平方米（10000平方英尺）的地块上，且仓库的价值约为人均收入的50倍 ● 将由一名注册建筑师编制完整的建筑和技术计划。如果此类计划的编制要求获取更多的文档资料或获得外部机构的实现批准等步骤，那么这些步骤将被视为手续 ● 施工周期将为30周（不包括因行政和监管要求而造成的所有延误） 供水及排污系统连接： ● 距离现有的水源和下水道龙头将为150米（492英尺）。如果该经济体没有供水基础设施，那么将挖一个水井。如果没有污水收集基础设施，那么将安装或建造一个体积尽量最小的化粪池 ● 平均每天用水量将为662升（175加仑），平均每天产生的废水量将为568升（150加仑）。平均每天最大用水量将为1325升（350加仑），平均每天产生的最大废水量将为1136升（300加仑） ● 全年将有固定的需水量和废水排放量；连接水管的直径将为1英寸，污水连接管的直径将为4英寸

二、"办理施工许可"指标得分情况

东北地区 5 市"办理施工许可"指标得分情况如表 4-7 所示。

表 4-7　东北地区 5 市"办理施工许可"指标得分情况

营商环境评价指标	A 市	B 市	C 市	D 市	E 市
办理施工许可（分）	46.61	41.96	45.56	51.88	56.98
程序（个）	26	29	25	25	22
时间（个工作日）	289	307	323	222	190.5
成本 （占建筑价值的百分比,%）	4.1	4.4	5.1	4.5	4.7
建筑质量控制指数（0~15）	10	10	11	10	10

根据表 4-7 可知，从程序上来看，E 市办理施工许可程序个数最少，有 22 个；B 市办理施工许可程序个数最多，有 29 个。主要差距在防雷装置设计审核、施工合同备案、监理合同备案、各部门单独竣工验收等方面（见表 4-8 和表 4-9）。

表 4-8　B 市办理施工许可流程

序号	办理环节	承诺时限 （个工作日）	费用 （元）
1	企业投资项目备案	2	—
2	建设项目环境影响评价文件审批	25	—
3	固定资产投资项目节能评估和审查	5	—
4	社会稳定风险评估	30	—
5	地质勘探	30	25000
6	获得一系列土地规划许可	35	550
7	获得建设用地规划许可和建设工程规划许可	14	—
8	施工图审查情况备案	1	—
9	民用建筑项目修建防空地下室的许可	5	—
10	消防设计审核	7	—
11	防雷装置设计审核	10	—

续表

序号	办理环节	承诺时限 （个工作日）	费用 （元）
12	聘请、委托监理	1	46731.3
13	监理合同备案	5	—
14	施工合同备案	5	—
15	工程质量监督手续	1	—
16	建设工程安全施工措施审查	3	—
17	建筑工程施工许可证	5	—
18	四方验收	1	—
19	防雷装置竣工验收	8	—
20	建设工程环保竣工验收	5	—
21	人防竣工验收备案	5	—
22	建设工程消防验收	7	—
23	建设工程规划核实	7	—
24	申请通水和排污	7	—
25	接受通水和排污	1	—
26	得到通水和排污服务	49	—
27	建设工程竣工档案初验合格	10	—
28	房屋建筑工程和市政基础设施工程安全 生产验收备案	3	—
29	房屋首次登记	20	550
合计	共 29 个环节	307	72831.3

表 4-9　E 市办理施工许可流程

序号	办理环节	承诺时限 （个工作日）	费用 （元）
1	企业投资项目备案	0.5	—
2	建设项目环境影响评价文件审批	30	—
3	固定资产投资项目节能评估和审查	5	—
4	社会稳定风险评估	5	—
5	地质勘探	30	25000
6	国有建设用地使用权首次登记	3	550
7	获得建设项目的规划许可	20	—

续表

序号	办理环节	承诺时限 （个工作日）	费用 （元）
8	施工图审查情况备案	1	—
9	应建防空地下室的民用建筑项目报建审批	7	—
10	建设工程消防设计审核	7	—
11	聘请、委托监理	1	39226.52
12	工程质量监督手续	1	—
13	安全监督手续	1	—
14	建筑工程施工许可证核发	7	—
15	竣工验收	7	—
16	四方验收	1	—
17	建设工程竣工档案初验合格证核发	3	—
18	申请通水和排污	7	—
19	接受通水和排污	1	—
20	得到通水和排污服务	49	—
21	工程竣工验收备案管理	1	—
22	房屋首次登记	3	550
合计	共 22 个环节	190.5	65326.52

从时间上来看，E 市办理施工许可用时最少，需要 190.5 个工作日；而 C 市用时最多，需要 323 个工作日。

从成本上来看，C 市办理施工许可成本最高，占建筑价值的 5.1%；而 A 市办理施工许可成本最低，占建筑价值的 4.1%。

各市办理施工许可建筑质量控制指数如表 4-10 所示。

表 4-10　东北地区市办理施工许可建筑质量控制指数

编号	控制指数题项	得分
1	建筑质量控制指数（0~15）	10
	建筑法规质量指数（0~2）	2
	①经济体内有关建设法律法规如何获得？（0~1）	1
	②是否在建设法律法规或开放网站、说明书或手册对需要提交的文件清单、需要支付的费用以及所有需要得到相关机构预先批准的图纸或规划有清楚的说明？（0~1）	1

续表

编号	控制指数题项	得分
2	施工前质量控制指数（0~1）	1
	是否有持有执照的建筑师或工程师参与建筑设计图的审查以确保其符合建筑法规的要求？	1
3	施工中质量控制指数（0~3）	3
	①法律是否要求有一名内部监理工程师、一名外部监理工程师或一家外部审查事务所在整个施工过程中对建筑施工进行监督，或者法律要求有一个政府机构分阶段进行检查？（0~1）法律是否要求至少有一方进行基于风险的检查？（0~1）	2
	②施工中的检查在实践中是否得到落实？（0~1）	1
4	施工后质量控制指数（0~3）	3
	①法律是否要求进行最终检查以确认建筑是按照得到批准的设计图和现有的建筑法规建设的？（0~2）	2
	②最终检查在实践中是否得以落实？（0~1）	1
5	责任和保险制度指数（0~2）	1
	①参与施工过程的各方在法律上是否应对建筑投入使用后的结构缺陷或问题负责？（0~1）	1
	②法律是否要求参与施工过程的各方为建筑投入使用后可能出现的结构缺陷或问题投保？（0~1）	0
6	专业认证指数（0~4）	0
	①对负责验证建筑设计图或图纸符合建筑法规的专业人员的资质要求（0~2）	0
	②对监督现场施工或进行检查的专业人员的资质要求（0~2）	0

三、"办理施工许可"指标存在的问题

梳理东北地区 5 市"办理施工许可"指标，对标中国样本城市北京和上海，本书发现东北地区"办理施工许可"指标仍存在以下问题：

1. 建设项目整体审批流程烦琐，审批周期长

通过调研我们发现东北地区建设项目整体审批流程烦琐，审批

周期长。例如 C 市，建设工程项目从项目备案到竣工验收需要经过 25 个环节，在不考虑其他因素的情况下需要 323 个工作日才能够完成；B 市建设工程项目从项目备案到竣工验收需要经过 29 个环节，在不考虑其他因素的情况下需要 307 个工作日才能够完成；A 市建设工程项目从项目备案到竣工验收需要经过 26 个环节，在不考虑其他因素的情况下需要 289 个工作日才能够完成；而 E 市建设工程项目从项目备案到竣工验收需要经过 22 个环节，在不考虑其他因素的情况下需要 190.5 个工作日才能够完成。足以印证项目审批流程烦琐，审批效率较低。

2. 施工图审查办理周期长，未实现多图联审

在建设项目审批过程中，所涉及的相对详细的图纸审核主要包括消防图纸审核、人防图纸审核、规划图纸审核、施工图审核四种类别（见表 4 – 11）。

表 4 – 11　A 市图纸审核内容明细

名称	审核内容
消防图纸审核	建筑图
	消防（水电）图
	暖通图
	配电图
人防图纸审核	人防区全专业图纸
	非人防区：建筑图、其他专业图纸地下室部分
规划图纸审核	建筑图
施工图审核	除人防区专业图纸外的全项目全专业图纸

目前对于这四类图纸的审核，东北地区暂并未实现多图联审，因此在这四个分别独立的图纸审核过程中，由于审核的部门不同，建设单位需要将图纸提交给各个部门。消防图纸审核、人防图纸审

核、规划图审核和施工图审查机构审核过程中不具备同时性，且标准和侧重点不同，为了同时满足几个部门的要求，需要反复修改图纸。较为常见的是因为消防和施工图的调整导致单体间隔或者布局的变化，进而需要重新进行规划调整，延长了整个项目的审批周期。

3. 消防设计审核专业能力和审批效率有待考量

目前，东北5市消防设计审核中的技术审查和行政审批未实现分离，因此消防局（消防支队、大队）仍需要进行消防设计技术审核。但是建设工程消防设计审核技术性、专业性要求较高，工作人员需具备一定的专业知识和专业能力，由于消防队伍领导体制的双重性，既有现役官兵，也有政府雇员，组成人员科学、系统、专业的消防知识和技能水平难以满足越来越复杂、多样的要求，能够满足技术要求的工作人员数量有限，审核队伍的工作人员的整体专业能力有待提高。国家对建设工程消防设计备案的法定审批时限为20个工作日，各地先后都将建设工程消防审核承诺时间压缩远远低于20个工作日，在时间紧、任务重、专业素质过硬的人员不足的情况下，工作人员的压力过大，经常超负荷工作，审核质量有待考量。在审核过程中一旦发现业主设计存在问题，或者与别的部门审核意见存在冲突，需要修改，则审批时间就重新计算。诸多原因导致部分企业反映消防审核难通过，审批效率低。因此，真正帮助业主在最少的时限内通过设计审核，是重点也是难点。

4. 竣工验收环节多，尚未实现联合验收

现阶段，在并联验收方面，东北地区未真正实现联合验收，人防办、规划局、消防局、环保局、城乡建设委员会等部门都是分别

验收，没有牵头部门进行联合验收和规定整体验收时限。而且验收所需的材料要件繁杂重复，环保验收、消防验收等审批事项成为竣工验收的隐形条件，在一定程度上延长了企业办理竣工验收的时间。

5. 中介服务事项多，费用高

调研过程中，企业反映建设工程审批过程中的中介服务事项多，费用高。有的行政审批中介服务项目已成为行政审批事项的"衍生品"。行政审批中介服务项目的绝大多数都具有前置性和强制性，已成为行政审批的前置条件。行政审批中介服务项目多数依据部门规章设立。仅有环境影响评价等少数项目由法律、行政法规和地方性法规明确规定而设立，大多数项目是依据部门规章设立。

有些中介服务机构具有区域垄断性质且具有地域排他性特点，地方政府通常直接或变相规定职能由本地机构提供中介服务，实际上剥夺了企业对中介机构的选择权。建设工程领域中介项目多、收费总量高的问题尤为突出。部分建设工程项目的中介服务收费接近项目总投资额的10%。表4-12为本书了解到的一个项目要开展的中介服务事项（部分）。

表4-12 某地区部分中介服务事项清单

部门	审批环节	中介服务事项
公安局 （消防）	建设工程消防验收	出具消防设施检测合格报告
	建设工程消防设计审核和备案	编制消防设计文件
国土资源和 房屋局	建设项目用地预审	出具地质灾害危险性评估报告
	国有建设用地使用权招拍挂出让审查	出具勘测定界图
	国有土地使用权初始登记	出具勘测技术报告
	房产测绘成果备案	出具房屋面积测绘成果报告
	城市危险房屋管理	出具安全监测鉴定

续表

部门	审批环节	中介服务事项
环保局	建设项目环境影响评价文件审批	编制环境影响评价报告
	排污许可证核发	编制环境监测报告
	对工业企业场地再开发利用环境调查、风险评估、治理修复，以及治理修复后的环境监测等各环节的文件资料及论证评审资料的备案	编制环境调查及风险评估报告 编制场地修复方案、实施治理修复 修复工程环境监理 修复验收
住房和城乡建设委员会	施工图审查情况备案	出具《工程勘察文件审查合格书》《施工图设计文件审查合格书》
规划局	建设工程规划许可证	编制建设工程设计方案的总平面图 建设工程规划放线
	建筑设计方案审查	编制建筑设计方案
	立面改造审查	编制立面改造方案
	修建性详细规划方案审定	编制修建性详细规划方案
	建设工程规划核实	制作现状竣工图及成果报告书
发改委	固定资产投资项目节能评估和审查	节能评估报告
人防办	人防工程的质量监督手续和竣工验收备案	人防工程防护设备质量检测

6. 行政审批体制改革协同性不足

简政放权作为政府自我革命的"先手棋"和宏观调控的"当头炮"，不断纵深推进。简政放权有效地释放了市场活力，激发了社会创造力，扩大了就业，促进了对外开放，推动了政府管理创新，取得了积极成效。但是在审批权限下放的实际工作中，东北地区还存在许多亟待解决的问题和不足，有的还是严重制约和影响简政放权进一步深化的难点和阻碍。如果这些问题不能从根本上解决，激发市场活力、调动社会创造力的目标就很难真正实现。

7. 基层部门承接能力不足

在全面深化改革的大趋势下，中央把部分审批事项下放至地方，省、市又把行政权力下放到县、乡，县、乡两级基层政府承担了大部分具体下放审批事项。但事权下放了，相应的财权、人权没下放，造成权责不匹配的现象。部分下级行政部门既无专业审批能力又无人员编制，设施设备不具备，无力承接部分审批事项。

8. 权力下放监管责任不明确

部分主管部门对审批权限下放认识存在偏差，存在"重下放、轻监管"倾向，认为审批权限下放就是权力下移，权力下放后监管责任全在承接权力部门而不在自身，权力下放"一放了事"。在权力下放过程中监管责任事项没有明确，工作中缺乏对下级部门的监督指导。审批权力下放承接部门存在"重审批、轻监管"倾向，将审批权限下放简单理解为审批权力增加、审批业务增多，没有意识到权力下放后的后续监管责任，造成审批之后无人监管、事中事后监管落实不到位的局面。在调研过程中发现，部分地区国土局已将权力大部分下放到区（县）级，但是主管部门对区（县）级权力承接情况了解得很少，在监管方面有待考量。

9. 前期辅导不规范，业务人员专业能力需提高

建设工程项目在前期立项阶段，针对大型项目，各部门会提前介入，对相关手续提供前期辅导服务，对需要提交的要件内容进行辅导，以便在审批时减少反复修改的次数。然而，在当前的前提辅导中存在诸多问题，例如辅导人员技术业务不清晰、标准不一、辅

导服务的规范度不一等，导致虽然有辅导的过程，但是在后期还需反复修改。

第四节　获得电力

一、"获得电力"世行方法论

该主题衡量了企业为新建仓库获得永久电力连接所需的手续、时间和费用。此外，供电的可靠性和电费标准透明度指数衡量了供电可靠性、电费标准透明度以及电价（见表4-13）。

表4-13　"获得电力"世行方法论

指标衡量的是什么	案例研究的假设
获得电力连接的手续（数量）： ● 提交所有相关文件，获得所有必要准许和许可证 ● 完成所有规定通告，并接受所有必要检查 ● 获得外部安装工程，可能还要为这些工程购买材料 ● 订立必要供电合同，获得最终供电 完成每项手续所需的时间（日历天数） ● 是至少1个日历日 ● 每个手续在单独的一天开始 ● 不包括收集信息的时间 ● 反映了实际所用时间，几乎不需要跟进，而且不必事先与官员联络 完成每项手续所需的成本（人均收入百分比）： ● 仅为官方费用，不包括贿赂 ● 不含增值税 供电可靠性和电费标准透明度指数（0~8）： ● 停电的持续时间和频率（0~3） ● 停电监测工具（0~1）	为了让数据在不同经济体之间具有可比性，采用了关于仓库、电力连接以及月耗电量 仓库： ● 为本地企业主所有，用于储存商品 ● 位于经济体最大的商业城市。 对于收集了第二大商业城市数据的11个经济体： ● 所在区域是类似仓库通常所在的不受自然制约的区域。例如，不动产并非在铁路附近 ● 是新建工程，而且是第一次通电 ● 共有两层，表面总面积约为1300.6平方米（14000平方英尺）。所在地块面积为929平方米（10000平方英尺） 电力连接： ● 是一条永久性的三相四线Y型连接，订购容量为140千伏安，功率因数为1，1千伏安=1千瓦 ● 长度为500米。供电线与低压或中压配电网络相连，为架空或地下线路（以仓库所在区域常见形式为准），需要穿过10米宽的道路的工程（如开挖线路或架空线路），但均在公共用地上完成。因为仓库有道路通向公路，因此不必穿过其他业主的私人不动产

续表

指标衡量的是什么	案例研究的假设
● 恢复供电的工具（0~1） ● 监管部门对供电部门表现的监督（0~1） ● 限制停机的经济处罚（0~1） ● 电费标准透明度和可查性（0~1） 电价（分每千瓦时） ● 案例研究中，价格根据商用仓库月电费账单确定	● 不需要安装仓库内部接线的工程。供电线已连接至客户的配电盘或开关柜以及电度表底座（含） 月耗电量： ● 假设仓库从上午9：00到下午5：00每月运行30天（每天8小时），设备平均使用率为额定容量的80%，无停电（为简化而假设），月耗电量为26880千瓦时；每小时耗电量为112千瓦时 ● 如果存在多路供电，就选择最便宜的供电商为仓库供电 ● 采用当前年度1月起生效的电费标准计算仓库电价。尽管1月有31天，为便于计算，仍然算作30天

注："营商指数"评价电价，但电价不包括在营商便利分数中，也不包括在通电便利排名中。

二、"获得电力"指标得分情况

东北地区5市"获得电力"指标得分情况如表4－14所示。

表4－14　东北地区5市"获得电力"指标得分情况

营商环境评价指标	A市	B市	C市	D市	E市
获得电力（分）	65.84	62.22	68.81	77	77
程序（个）	8	11	7	6	6
时间（个工作日）	73	68	84	47	47
成本（占人均可支配收入的百分比,%）	356	356	356.2	356	356
供电可靠性和电费指数透明度（0~8）	6	6	6	6	6

根据表4－14可知，从程序上来看，D市和E市办理获得电力程序个数最少，有6个；B市办理获得电力程序个数最多，有11个。主要差距在供电工程建设收费审批、签订施工合同和廉政合同、监理文件报审、工程开工报审、受电工程中间检查这五个程序上（见表4－15和表4－16）。

表 4-15　B 市获得电力流程

编号	办理环节	办理时间（个工作日）
1	供电工程建设费收费审批	1
2	递交用电申请，业务受理	1
3	确定供电方案及答复（包括现场核实与勘察）	5
4	签订施工合同和廉政合同	1
5	监理文件报审	1
6	受电工程设计审核申请受理及审批（包括审图意见）	5
7	工程开工报审	1
8	施工单位购买材料和安装	45
9	受电工程中间检查	2
10	受电工程竣工验收（材料验收和现场验收）	3
11	签订供电合同，装表接电	3
合计	共 11 个环节	68

表 4-16　E 市获得电力流程

编号	办理环节	办理时间（个工作日）
1	递交用电申请，业务受理	1
2	确定供电方案及答复（包括现场勘查）	5
3	受电工程设计审核申请受理及审批（包括审图意见）	5
4	外部工程施工	30
5	受电工程竣工验收	3
6	签订供电合同，装表接电	3
合计	共 6 个环节	47

从时间上来看，D 市和 E 市办理获得电力用时最少，需 47 个工作日；而 C 市用时最多，需 84 个工作日。

从成本上来看，获得电力成本最高的是 C 市（占人均可支配收入的 356.2%），其他城市的获得电力成本均为 356%。

各城市供电可靠性和电费指数透明度均为 6 分（见表 4 – 17）。

表 4 – 17　各市供电可靠性和电费透明度指数

编号	指标	表现	最后得分
1	SAIDI 和 SAIFI 的数值	SAIDI 和 SAIFI 小于等于 12	1
2	电力公司用自动化工具检测停电	有	1
3	电力公司用自动化工具恢复电力供应	有	1
4	监管机构（独立于电力公司的实体）是否监督电力公司在供电可靠性方面的表现	有	1
5	财务上的遏制措施来限制停电	有	1
6	电费是否透明且易于获知	有	1
合计			6

三、"获得电力"指标存在的问题

梳理东北地区 5 市"获得电力"指标，对标中国样本城市北京和上海，本书发现东北地区"获得电力"指标仍存在以下问题：

1. 审批流程繁杂，审批时间较长

从审批环节上看，D 市和 E 市环节最少，一共有 6 个环节，B 市最多，有 11 个环节，高于上海未改革前的 5 个环节，与上海改革后的 2 ~ 4 个环节相比，更是拉开了距离。从审批时间上看，获得电力用时最少的 D 市和 E 市，也需要 47 个工作日。需要说明的是，这个时间包含了建设单位委托中介机构工程设计、施工的时间，在这个过程中也可能存在由于项目单位原因导致的延迟。但总体上看，用时较长。

2. 购买供电材料费用高，企业资金压力大

企业购买供电材料费用高，如购买变压器、电杆、线材、高低压柜等，且需提前向供电公司报批供电工程建设费用，给企业带来极大的资金压力。

3. 跨部门协同性较差

第一，项目生成阶段，电力部门与立项审批部门的协同性需提高。新立项的项目不可避免地会有用电需求，根据项目的不同类型，需求也会不同。但在项目立项过程中，如果仅仅侧重于发改委、规划局、国土局等相关部门的合法性审批，忽视电力的需求和报装程序，如若城市基础建设难以跟上则对供电产生压力。在前期立项审批过程中，新项目涉及发改委、国土、工商、建设等多个相关单位，电力公司与各部门缺乏完整的协调体系，电力部门未实现电力供电量的预测，政府部门间协同性和沟通度不够。

第二，施工相关部门协调性需提高。电力项目施工牵一发而动全身，具有线路长、影响广等特点，电力施工往往涉及市政部门、交通部门、建设部门、绿化部门、环保部门等的审批手续，其施工前期需经各部门办理施工相关手续，但前期各单位的协调性不足，导致供电前期建设过程进展缓慢。

4. 电力应急处置水平需提高

电力供应对稳定性要求较高，发生紧急断电过负荷等情况时应最大限度、最短时间内恢复供应。供电公司应定期组织超温、过负

荷等应急演练，形成应急体系，提升应急处置水平，最大限度避免财产损失。目前，东北地区停电造成停产、停运的事例仍较多，供电公司距实现无缝隙管理仍有差距。

5. 电力设施监管维护力度不足

在电力产权分界明晰后，电力设施监管变成了供电公司的一项重要职责。一些处于偏远地区的线路，年久失修，尤其是裸导线架空线路，更容易导致线路跳闸停电，给当地用户造成极大不便。此类电力设施在东北地区仍有很多，对电力设施的监管维护力度还需加强。

虽然对电力设施采用了分片制管理，但偷电漏电、私建乱接现象仍大量存在，不仅给国家造成了损失，也存在极大安全的隐患，对电力设施和相关人员的管理仍存在许多漏洞，对电力设施的监管维护力度还需加强。

第五节　产权登记

一、"产权登记"世行方法论

本主题研究产权登记的步骤、时间和成本，假设一个企业家想购买已经注册且没有产权纠纷的土地和建筑。此外，本主题还对各经济体的土地管理制度进行了水平评估。土地管理水平指数包含以下五个维度：基础设施可靠性、信息透明度、地理覆盖范围、土地纠纷解决方案以及平等获得产权的权利（见表4-18）。

表4-18　"产权登记"世行方法论

指标衡量的是什么	案例研究的假设
不动产物权的合法转让程序（编号）： ● 预登记手续（如留置权审查、买卖协议公证、财产转让税等） ● 在经济体中最大的商业城市登记 ● 登记后的程序（例如，在市政府填写登记产权） 完成每项手续所需的时间（日历天数） ● 不包括收集信息的时间 ● 每项手续从单独的日期开始，全部在网上完成的手续例外 ● 一旦收到最终文件，视为手续已完成 ● 未事先与官员接触 完成每项手续所需的成本（财产价值百分比）： ● 只收取官方费用（如行政管理费、关税和税费） ● 不包括增值税、资本收益税和非法支付 土地管理水平指数（0~30）： ● 基础设施可靠性指数（0~8） ● 信息透明度指数（0~6） ● 地理覆盖指数（0~8） ● 土地纠纷解决指数（0~8） ● 平等获得财产权指数（-2~40）	为了使数据在不同经济体之间具有可比性，这里对交易各方、财产和手续进行了若干假设 双方（买方和卖方）： ● 有限责任公司（或同等法律地位的公司） ● 位于该经济体中最大商业城市的周边地区 对于收集了第二大商业城市数据的11个经济体： ● 为100%的国内私人所有 ● 每家公司有50名员工，他们都是本国公民 ● 进行一般商业活动 相关财产（卖方完全所有）： ● 价值是人均收入的50倍，等于售价 ● 为卖方完全所有 ● 没有抵押贷款，而且在过去十年里一直处于同一所有权之下 ● 在土地注册处或地籍注册处注册，或两者同时注册，且无产权纠纷 ● 位于市郊商业区，不需要重新分区 ● 由土地和建筑物构成。土地面积557.4平方米（6000平方英尺）。占地面积929平方米（10000平方英尺）的两层仓库。仓库有十年的历史，状况良好，没有供暖系统，符合所有安全标准、建筑规范和法律要求。由土地和建筑物组成的该财产将全部被转让 ● 购买以后将不需要改建或扩建 ● 没有树木、天然水源、自然保护区，也没有任何形式的历史古迹 ● 不会用作特别用途，也无须特别许可证，例如住宅用途、工业厂房、废物贮存或某类农业活动 ● 没有居住者，也没有其他方在本财产中拥有法律利益

二、"产权登记"指标得分情况

东北地区5市"产权登记"指标得分情况如表4-19所示。

表4-19　东北地区5市"产权登记"指标得分情况

营商环境评价指标	A市	B市	C市	D市	E市
登记财产（分）	79.41	72.99	74.58	79.24	75.19

续表

营商环境评价指标	A 市	B 市	C 市	D 市	E 市
程序（个）	4	4	5	3	5
时间（个工作日）	8	6	8	6	5
成本（占财产价值的百分比，%）	4.1	4.1	4.0	4.1	4.1
土地管理系统的质量指数（0~30）	22	14	18.5	19	19

根据表 4 – 19 可知，从产权登记得分上来看，A 市得分最高（79.41 分），B 市得分最低（72.99 分）。

从程序上来看，D 市办理产权登记程序个数最少，仅有 3 个；C 市和 E 市程序个数最多，有 5 个。主要差距在企业签订财产过户合同、缴纳税款、不动产转移登记 3 个环节是否可以综合受理审批（见表 4 – 20 和表 4 – 21）。

表 4 – 20 C 市产权登记流程

序号	手续	时间（个工作日）	成本
1	企业签订财产过户合同	1	0
2	缴纳税款	1	占财产价值的 4.1%
3	申请办理转移登记	1	0
4	缴费		550 元
5	领取不动产登记证	5	0
合计	共有 5 个手续	8	成本约占财产价值的 4.1%

表 4 – 21 D 市产权登记流程

序号	手续	时间（个工作日）	成本
1	企业签订财产过户合同、缴纳税款、不动产转移登记	1	占财产价值的 4.1%
2	缴费		550 元
3	领取不动产权证	5	0
合计	共 3 个手续	6	成本约占财产价值的 4.1%

从时间上来看，A 市和 C 市办理产权登记用时最多，需 8 个工作日；而 E 市用时最少，仅需 5 个工作日。

从成本上来看，C 市办理产权登记的成本最低，占财产价值的 4.0%；而其他城市的成本均占财产价值的 4.1%。

土地管理系统的质量指数（0～30）最高的是 A 市（22 分）；最低的是 B 市（14 分）。具体如表 4-22 和表 4-23 所示。

表 4-22　B 市产权登记土地管理质量指数

一级指标	二级指标	分值
土地管理质量指数	设施可靠性指数	6
	信息透明度指数	4
	地理覆盖指数	0
	土地争议解决指数	4
	地产权平等性指数	0
合计		14

表 4-23　A 市产权登记土地管理质量指数

一级指标	二级指标	分值
土地管理质量指数	设施可靠性指数	8
	信息透明度指数	4.5
	地理覆盖指数	2
	土地争议解决指数	7.5
	地产权平等性指数	0
合计		22

三、"产权登记"指标存在的问题

梳理东北 5 市"产权登记"指标，对标中国样本城市北京和上海，本书发现东北地区"产权登记"指标仍存在以下问题：

1. 登记流程待优化

根据世界银行营商环境评价指标体系，调研发现，在东北地区办理登记财产一般需要 4 个手续。企业办理登记财产业务时，需要先签订财产过户合同并去税务部门缴纳税款，然后去不动产登记窗口办理手续，接着去缴费窗口缴纳登记费，最后回到不动产登记中心领取不动产证。这意味着当事人需要多次前往不同的部门和窗口办理手续，多跑路、耗时长，登记流程有待优化。

2. 部门间工作衔接不畅通

实施不动产统一登记以来，工作衔接上存在一些不通畅的问题。房产部门有房产的数据库，不动产中心也有数据库。另外，各个部门原有档案资料有的不全。档案资料移交后，按照不动产登记中心的登记要求，加上部门移交的资料不全，给登记工作带来不便。

3. 历史遗留问题解决机制有待完善

历史遗留问题难解决，没有一套合适的制度解决历史遗留问题，个案依靠行政权力解决，历史遗留问题很难依靠法律法规解决，导致办理复杂，效率低下，缺乏一套行之有效的工作机制。

4. 网络化服务有待加强

不动产登记中心在网络化服务方面仍有待加强。根据调研我们发现，多数地区暂未开设网上咨询、网上查询、网上预约等便民服务，暂不支持外网办公，没有预约功能，距百姓少跑路，等时短、不拥挤还有很大距离。

5. 不动产登记面临问题较复杂，存在一定的法律风险

新时期，开展不动产登记工作的主要依据是《不动产登记暂行条例》《不动产登记暂行条例实施细则》《不动产登记操作规范（试行）》等法规性文件，但还缺少统一的法律依据为不动产登记保驾护航。与此同时，权属确定是不动产交易的前提条件，由于各种原因，经常出现权利的边界标准模糊不清、资产法律权属不明确等问题，登记机关很难做出准确的判断，容易出现各种法律风险。

第六节　获得信贷

一、"获得信贷"世行方法论

本主题探讨了两组问题：信用报告系统的优势以及抵押和破产法在促进贷款方面的有效性（见表4-24）。

表4-24　"获得信贷"世行方法论

指标衡量的是什么	案例研究的假设
合法权利力度指数（0~12）： ● 抵押法规定的借款人和抵押人的权利（0~10） ● 破产法对有担保债权人权利的保护（0~2） 信贷信息深度指数（0~8）： ● 个人征信机构及信贷登记处发放的信贷资料的范围及可及性 个人征信机构覆盖面（在成年人口中的比例）	信贷信息深度指数衡量的是影响通过金融征信机构或个人征信机构获得的信用信息的覆盖面、范围和可及性的规则和惯例。合法权利力度指数衡量的是抵押和破产在多大程度上保护了借款人和贷款人的权利，从而促进了放贷。对于每个经济体，首先要确定是否存在一个统一的担保交易系统。其次用案例A和案例B两种情形，来确定非占有担保物权是如何依法建立、公开和执行的。需要特别强调抵押物登记处是如何运作的（如果担保物权的登记是可能的）。案例场景涉及担保借款人ABC公司和担保贷款人BizBank

续表

指标衡量的是什么	案例研究的假设
● 在最大的个人征信机构上登记的个人和公司占成年人人口的百分比 金融征信机构覆盖面（在成年人口中的比例） ● 在金融征信机构登记出的个人和公司的数量在成年人人口的百分比	在一些经济体中，担保交易的法律框架只允许案例 A 或案例 B 适用（不可同时适用）。这两个案例都审查了与动产抵押有关的同一套法律规定 《营商环境报告》使用了关于担保借款人（ABC）和贷款人（BizBank）的几个假设： ● ABC 是一家国内的有限责任公司（或为与其等同的法律实体） ● ABC 公司有多达 50 名员工 ● ABC 公司在该经济体最大的商业城市设有总部以及其唯一的业务基地 对于收集了第二大商业城市数据的 11 个经济体： ● ABC 和 BizBank 都是 100% 的国内控股 案例场景还涉及其他假设。在 A 案例中，作为贷款的抵押品，ABC 公司授予 BizBank 一种非占有性的担保物权，例如机器或存货。ABC 希望同时拥有抵押品的占有权和所有权。在法律不允许在动产中存在非占有担保物权的经济体中，ABC 公司和 BizBank 使用信托转移所有权安排（或以类似方式，替代非占有担保物权） 在案例 B 中，ABC 公司授予 BizBank 营业费用、企业费用、浮动费用，或任何使 BizBank 对 ABC 的组合资产（或尽可能多的 ABC 的动产）有担保物权的费用。ABC 公司保留资产的占有权和所有权

二、"获得信贷"指标得分情况

东北地区 5 市"获得信贷"指标得分均为 60 分，信息深度指数均为 8，法律权利指数均为 4，具体如表 4 - 25 所示。东北地区 5 市信息深度指数和法律权利指数详细得分情况如表 4 - 26 所示。

表 4 - 25　东北地区 5 市"获得信贷"指标得分情况

营商环境评价指标	A 市	B 市	C 市	D 市	E 市
获得信贷（分）	60	60	60	60	60
信息深度指数（0~8）	8	8	8	8	8
法律权利指数（0~12）	4	4	4	4	4

表4-26 东北地区5市信息深度指数和法律权利指数详细得分情况

编号	指标	得分	说明
一	法律权利指数	4	
1	企业有统一的担保交易法律框架，能够延伸到4个与动产担保权益享有同等效用的行为	0	我国作为大陆法系国家，通常不承认双重所有权（以及其他权利的双重归属），故而不存在英美法系"双重所有权"的信托，信托财产权不可能发生转让，故我国无法得分
2	法律允许企业转让单一类别动产的非占有担保权益，而不要求对担保物进行具体描述	0	《物权法》第210条规定，"设立质权，当事人应当采取书面形式订立质权合同"。因此需要具体描述
3	法律允许企业转让所有动产的非占有担保权益，而不要求对担保物进行具体描述	1	《物权法》规定，允许在不转移占有担保物的情况下设立动产担保物权，但要求对担保物进行具体描述
4	担保权益可以延伸到未来获得的资产，并可自动延伸到原始资产产生的产品、收益或替代品	0	法律未对该情形进行规定
5	担保协议和登记文件中允许对债务和付款义务进行一般性描述	1	《担保法》第15条
6	有针对动产担保权益的登记机构能够正常运行，并且能够根据地理位置和资产类型统一，并有以债务人人名为索引的电子数据库	0	我国法律规定了动产担保物权的登记机构，但是登记机构不统一，动产担保物权登记职责分散于不同的政府部门中
7	有以通知为基础的抵押登记机构，所有相似的功能都能够在此登记机构中进行登记	0	我国担保登记机构分散且不统一，不同登记机关在实践中是采用形式审查还是实质审查，做法并不完全一致
8	有抵押登记机构能够使任何人在网上进行注册、修正和取消	0	全国企业信用信息登记系统，可以提供企业担保登记信息的查询，但修改、更新与取消功能，未能完全实现
9	当债务人在破产程序之外拖欠时，有担保债权人首先得到赔付	1	《企业破产法》第82条、第109条
10	当企业被清算时，有担保债权人首先得到赔付	1	《企业破产法》第82条、第109条
11	当进入债务重组程序时，有担保债权人受自动冻结或延期偿付的限制，但法律规定有担保债权人在特定依据下可解除限制或自动冻结的时间期限	0	法律未对该情形进行规定

续表

编号	指标	得分	说明
12	法律允许双方在担保协议中达成一致，同意贷方可在庭外行使担保权利。法律允许公共和私人拍卖，也允许担保债权人以直接受让担保物所有权的方式受偿	0	法律未对该情形进行规定
二	信息深度指数	8	
1	个人和公司的数据都会被数据库发布	1	《征信业管理条例》第 2 条
2	数据库正面和负面的信息都会被发布	1	我国建立了金融信用信息基础数据库，包括企业、个人的正面、负面信用数据
3	除了公布来自金融机构的数据之外，还会公布来自零售商和公共事业公司的数据	1	金融信用信息基础数据库也包括非银行公共信息，包括最近 5 年内的欠税记录、法院诉讼记录、强制执行记录、行政处罚记录及电信欠费记录等信息
4	公布至少两年的历史数据且不会在得到还款时就把违约信息删掉	1	《征信业管理条例》第 16 条
5	公布人均可支配收入1%以下的贷款数据	1	法律未限制公布金额的最低额度
6	根据法律，借款人有权查看该经济体最大的信贷登记机构或信用资料社的数据且不会因为查看而收取超过人均可支配收入1%的费用	1	《国家发展改革委关于中国人民银行征信中心服务收费标准有关问题的批复》（发改价格〔2016〕54 号）规定，"查询企业、个人信用报告基准服务费分别为 60 元和 5 元"
7	数据使用者可以在线查看借款人的信用数据（例如通过网上平台或者系统与系统之间的连接）	1	2013 年 3 月，国家建立了个人信用信息服务平台，并于 2014 年 9 月实现了全国推广
8	提供借款人的信用评分作为价值附加服务，以帮助数据使用者了解借款人的信用状况	1	2015 年 11 月 27 日，征信中心联合商业银行共同研发了征信系统相关数据分析产品，其中包括信用报告"数字解读"，计算得出企业或个人的信用评分值

三、"获得信贷"指标存在的问题

梳理东北地区 5 市"获得信贷"指标，对标中国样本城市北京和上海，并结合中国相关法规政策，本书发现东北地区"获得信贷"指标仍存在以下问题：

1. 中小企业融资仍然存在困难

中小企业融资仍然存在困难。融资难的成因，一方面是中小企业自身原因，中小企业经营状况不稳定，投资者规避风险不愿投资；另一方面是外界原因，如银行作为不积极，对企业借贷帮助作用弱；民间借贷缺乏监管规范，不能得到企业信任；"老赖"损害了企业形象，使企业的信用形象受到影响。因此可以看出，尽管东北地区的信贷信息深度指数较高，但实际借贷工作并不能够充分参考国家统一的数据库信息，信用良好的企业在借贷时没有得到倾斜帮助。

2. 融资机制创新难以应用于中小企业

东北地区整体历史经济状况长期以国有大中型企业为支柱，因此当前大量政策和资源都倾斜在国有大中型企业上，同时得益于较低的金融风险和稳定的发展前景，使得其融资渠道也更为广阔。反观中小企业尤其是民营中小企业存在明显资金瓶颈，面临资本劣势。在调研座谈会上，部分律师代表也指出，如政府 PPP 项目，以及融资租赁、物权担保等信贷机制创新，其初衷是解决中小企业资源困境，实践中却难以应用于中小企业。

3. 担保机构发展建设不规范

根据世界银行指标与发展实践，可以了解到担保交易在企业获得信贷中的重要作用。担保机构经过多年的发展对中小企业融资难问题起到了缓解作用，但是依然面临着担保手续烦琐、信用担保机构较少、担保申请成功率低以及担保费用较高等问题，阻碍中小企业与担保机构建立联系。

4. 银行未能充分发挥融资作用

银行作为我国主要的商业金融机构，是企业重要的获取信贷渠道。然而在实际状况中，银行常常被称作只能"锦上添花"，无法"雪中送炭"，未能充分发挥其融资作用。特别是对于中小企业，银行严苛的贷款标准成为企业融资的重大阻碍，企业无奈之下选择其他融资渠道，无疑增加了企业的融资风险和信贷成本。

5. 民间借贷机构风险较大

民间借贷是解决小微企业融资难的一个重要且现实的途径，但小微企业与民间借贷作为资金供求主体，隐藏着诸多风险弊端。首先，民间借贷形式多为人情借贷或友情借贷，一般不要求借款人提供相应的担保，所以信用风险较大。其次，由于民间借贷利率较高，中小企业如果无法支付到期债务，只能采取吸收新的高息本金来偿还到期高息负债的办法，由此陷入借新还旧、滚雪球式的恶性循环。最后，由于民间借贷机构存在内部控制制度不规范、财务管理制度及审计稽查制度不健全等缺陷，随着民间借贷参与人数的增加，信息不对称问题会更加严重，金融风险会加剧。

6. 信贷法律权利的法律规定仍需细化

目前，《物权法》《担保法》《企业破产法》对借贷活动中的法律权利做了详细规定，保障了债权人的财产权益。但是在细节上仍然存在许多不完善的地方，如针对"债权人缩短担保物的冻结时间"，缺少相应的司法解释或者操作文件，影响了法规操作性；又如针对"动产担保登记制度"，虽然我国有针对动产担保物权的担保登记机构，但是根据动产类型的不同，登记职责被分化在各职能部门中，影响信息的共享流通。

第七节　保护少数投资者

一、"保护少数投资者"世行方法论

该课题衡量公司董事为个人利益而滥用公司资产的情形而对少数股东进行保护的力度，同时也对可降低公司资产被滥用风险的股东权利、治理保障和公司透明度等要求进行衡量（见表4-27）。

表4-27　"保护少数投资者"世行方法论

指标衡量的是什么	案例研究的假设
信息披露程度指数（0~10）：相关方交易的审批要求；相关方交易的披露要求： ● 董事责任程度指数（0~10）：少数股东就不利关联交易向董事提起诉讼并追究其责任的能力；可采用的法律补救措施（损害赔偿、追缴利润、罚款、监禁、交易取消等） ● 股东诉讼便利度指数（0~10）：查阅公司内部文件；在审判和律师费分摊期间可获取证据 ● 利益管理冲突程度指数（0~10）：信息披露程度指数、董事责任程度指数以及股东诉讼便利度指数的普通平均值	为了使各个经济体的数据具有可比性，这里对企业和交易作了若干假设 企业（买方）： ● 是一家在经济体最重要的股票交易所公开上市的公司。如果有不到十家上市公司，或者在该经济体中没有证券交易所，那么假设买方为一个拥有多个股东的大型私有公司 ● 设有一个董事会和一名在允许的情况下可以依法代表买方公司的首席执行官（CEO），即使法律对这一点没有明确的要求 ● 设有一个监事会，实行双层董事会制度，且有60%的成员都由詹姆斯先生任命 ● 未通过高于最低要求的公司章程。不遵循非强制性的规范、原则、建议或指导方针 ● 是一家拥有自己分销网络的制造业企业 交易涉及以下细节：

续表

指标衡量的是什么	案例研究的假设
● 股东权利指数（0～10）：股东在重大公司决策中的权利和作用 ● 所有权和管理控制指数（0～10）：保护股东不受董事会控制和利益侵占的公司治理与保障 ● 公司透明度指数（0～10）：关于所有权权益比率、薪酬、审计和财务前景的公司透明度 ● 股东治理指数（0～10）：股东权利指数、所有权和管理控制指数以及公司透明度指数的普通平均值 ● 中小投资者保护力度指数（0～10）：纠纷调解指数与股东治理指数的普通平均值	● 詹姆斯先生拥有买方60%的股份，是买方董事会成员，并在买方五人董事会中选出了两名董事 ● 詹姆斯先生还拥有卖方公司90%的股票，卖方是一家硬件零售连锁店，并在近期内关闭了大量的店面 詹姆斯先生提议买方公司购买卖方公司不用的卡车车队，以扩大自身的食品配送。买方公司同意了这个提议。价格相当于买方公司资产的10%，并且高于市场价值 ● 拟议的交易是公司主要活动的一部分，并不超出公司的权限 ● 买方进行了交易。所有必要的批准都已获得，所有必要的披露都已完成，也就是说，该交易没有涉及欺诈 ● 该交易对买方造成损害。股东们起诉詹姆斯以及批准这笔交易的高管和董事

二、"保护少数投资者"指标得分情况

东北地区5市"保护少数投资者"指标得分如表4-28所示，各子指标得分情况如表4-29所示。

表4-28 东北地区5市"保护少数投资者"指标得分情况

营商环境评价指标	A市	B市	C市	D市	E市
保护少数投资者（分）	48.33	48.33	48.33	48.33	48.33
披露程度指数（0～10）	10	10	10	10	10
董事责任程度指数（0～10）	1	1	1	1	1
股东诉讼便利度指数（0～10）	4	4	4	4	4
股东权利指数（0～10）	3	3	3	3	3
所有权和管理控制指数（0～10）	2	2	2	2	2
公司透明度指数（0～10）	9	9	9	9	9
少数投资者保护力度指数（0～10）	4.8	4.8	4.8	4.8	4.8

表 4-29　各市"保护少数投资者"指标各子指标得分情况

编号	指标	得分	说明
一	披露程度指数	10	
1	哪些法人主体能够合法批准买卖双方交易？	3	《公司法》第 124 条
2	詹姆斯是否必须向董事会披露他的利益冲突？	2	《证券法》第 67 条，《上市公司信息披露管理办法》第 30 条、第 40 条、第 48 条、第 71 条
3	买方是否必须立即向公众或者股东披露交易？	2	《证券法》第 67 条，《公司法》第 124 条，《上市公司信息披露管理办法》第 30 条、第 48 条
4	买方是否必须在公开的定期报告（年报）中披露交易？	2	《证券法》第 66 条，《上市公司信息披露管理办法》第 21 条，《年报格式准则》第 27 条、第 40 条
5	是否要求有外部机构在交易发生之前审核交易条款？	1	《上海证券交易所股票上市规则》《深圳证券交易所股票上市规则》均在第十章第二节，对关联交易的审议程序和披露做了相关规定
二	董事责任程度指数	1	
1	持有买方 10% 股份及以下的股东是否能够因交易给公司造成的损害提起直接或派生诉讼？	1	《公司法》第 151 条
2	股东原告是否能够因此项买卖交易给公司带来的损害追究詹姆斯的责任？	0	《公司法》第 112 条规定，"经证明在表决时曾表明异议并记载于会议记录的，该董事可以免除责任"。因而，即使董事会决议给公司造成损失，只要董事个人表明了异议而且被记录在案，就可以免责
3	股东原告是否能够因此项交易给公司带来的损害追究其他董事的责任？	0	为问题 2 的接续问题，依据同上
4	在股东原告成功地实现了权利要求的情况下，詹姆斯是否为给公司造成的损害支付赔偿金？	0	《公司法》第 149 条规定"董事、监事、高级管理人员执行公司职务时违反法律、行政法规或者公司章程的规定，给公司造成损失的，应当承担赔偿责任"。但并未明确赔偿方式是赔偿金或退还收益

续表

编号	指标	得分	说明
5	在股东原告成功地实现了权利要求的情况下，詹姆斯是否要退还从交易中得到的收益？	0	为问题 4 的接续问题，依据同上
6	如果股东索赔成功，詹姆斯是否会被取消资格或罚金并判刑入狱？	0	《刑法》第 169 条规定"背信损害上市公司罪"，上市公司的董事"处三年以下有期徒刑或者拘役，并处或者单处罚金"，案例并未明确詹姆斯能够以"背信损害上市公司罪"处罚
7	在股东原告成功地实现了权利要求的情况下，法院是否能够宣布交易无效？	0	《公司法》第 22 条规定"公司股东会或者股东大会、董事会的决议内容违反法律、行政法规的无效"。符合世行标准"只有在欺诈或不诚信或重大过失的情况下才能撤销"，因此不得分
三	股东诉讼便利度指数	4	
1	持有公司 10% 或以下股份的股东是否有权在提起诉讼之前检查此次交易的文件？	1	《公司法》第 97 条、第 150 条
2	在审理期间，原告可以从被告和证人处获得以下范围的文件？	0	《民事诉讼法》第 125 条规定，"原告股东不一定能在庭前获得所有辩护材料，如被告在法庭上提出新的证据，此时原告将直至法庭上方能得到相关材料"
3	原告是否可以从被告处获得某些类别的文件，而不需要具体指出是哪些文件？	0	《最高人民法院关于适用〈中华人民共和国民事诉讼法〉的解释》第 112 条规定，"书证在对方当事人控制之下的，承担举证证明责任的当事人可以在举证期限届满前书面申请人民法院责令对方当事人提交"。因此必须指出是哪些文件
4	在审理期间，原告是否可以直接质询被告和证人？	2	《民事诉讼法》第 139 条、第 141 条
5	民事诉讼的举证标准是否低于刑事诉讼？	1	《最高人民法院关于适用〈中华人民共和国民事诉讼法〉的解释》第 108 条、《刑事诉讼法》第 53 条

续表

编号	指标	得分	说明
6	原告是否可以向公司追讨其法律费用？	0	《最高人民法院关于适用若干问题的规定（四）》第26条规定，"其诉讼请求部分或者全部得到人民法院支持的，公司应当承担股东因参加诉讼支付的合理费用"。因此，只有诉讼成功时才能够追讨法律费用
四	股东权利指数	3	
1	出售买方51%及以上的资产是否需要股东同意通过？	0	《公司法》第104条规定，"本法和公司章程规定公司转让、受让重大资产或者对外提供担保等事项必须经股东大会作出决议的，董事会应当及时召集股东大会会议，由股东大会就上述事项进行表决"。因此，重大资产的转让是否须经股东大会决议，取决于章程的自主选择
2	若股东持有买方股本的10%，是否有权要求开股东特别大会？	1	《公司法》第100条规定，董事会认为必要时，应当在两个月内召开临时股东大会
3	买方是否在每次发行新股前取得其股东批准？	0	《公司法》第37条规定，"股东会行使下列职权：……对公司增加或者减少注册资本作出决议"
4	每次买方发行新股，股东是否被自动授予优先购买权或认购权？	0	法律未对该情形进行规定
5	雇佣或解聘外部审计师时是否需经股东批准？	0	《公司法》第169条规定，"公司聘用、解聘会计师事务所，依照公司章程的规定，由股东会、股东大会或者董事会决定"。因此，不一定必须由股东批准
6	更改股票所附股权时，是否只需要征得该股票持有人的同意？	0	《公司法》第131条规定，"国务院可以对公司发行本法规定以外的其他种类的股份，另行作出规定"。因此，法律规定不明确
7	如果买方是一家有限公司，出售其51%及以上的资产是否需要股东同意通过？	0	法律未对该情形进行规定
8	如果买方是一家有限公司，持有买方股份10%的股东，是否有权要求开股东特别大会？	1	《公司法》第39条规定，"代表十分之一以上表决权的股东，三分之一以上的董事可以召开临时会议"

续表

编号	指标	得分	说明
9	如果买方是一家有限公司，是否需要所有股东同意才能增加新股东？	0	《公司法》第71条规定，"股东向股东以外的人转让股权，应当经其他股东过半数同意"。因此，不需要所有股东同意
10	如果买方是一家有限公司，股东在将其股份出售给非股东之前，是否必须先向其他股东表达出售意愿？	1	为问题9的接续问题，依据同上
五	所有权和管理控制指数	2	
1	法律是否禁止一人同时担任首席执行官和董事会主席？	0	法律未对该情形进行规定
2	董事会是否必须包括独立并且非公司行政管理人员的董事会成员？	1	《公司法》第122条
3	股东能否在董事会成员任命期满前无理由地撤销其成员资格？	0	《公司法》第37条、第99条规定，股东会有权选举和更换董事。但并没有对更换董事的事由与情形做出进一步规定
4	董事会是否必须包括一个由非董事会成员独家组成的独立审计委员会？	0	《上市公司治理准则》第52条规定，"上市公司可以设立审计专门委员会"。但实际操作中，目前所有上市公司均设立了以独立董事占多数的审计委员会
5	一个潜在的收购者在收购买方50%的股份后，是否必须向所有的股票持有人发出收购要约？	1	《证券法》第88条
6	买方是否必须在股息宣告日后的法定最长时限内向股东分红？	0	法律未对该情形进行规定
7	法律是否禁止子公司收购其母公司发行的股票？	0	法律未对该情形进行规定
8	如果买方是一家有限公司，是否存在管理僵局破解机制？	0	法律未对该情形进行规定
9	如果买方是一家有限公司，一个潜在的收购者在收购买方50%的股份后，是否必须向所有的股票持有人发出收购要约？	0	法律未对该情形进行规定

续表

编号	指标	得分	说明
10	如果买方是一家有限公司，买方是否必须在宣告日后的法定最长时限内分配利润？	0	法律未对该情形进行规定
六	公司透明度指数	9	
1	买方是否需要公开5%的直接或间接受益所有权股份？	1	《证券法》第66条、第86条
2	买方是否需要公开董事会成员的其他董事职务信息以及有关其主业的基本信息？	1	《证券法》第66条
3	买方是否需要公开管理人员的薪酬？	1	《证券法》第66条
4	在股东大会召开21天前，股东是否收到一份详细的股东大会通告？	0	《公司法》第102条第（一）款规定，"召开股东大会会议，应当将会议召开的时间、地点和审议的事项于会议召开二十日前通知各股东"。因此，不符合时间要求
5	持有买方公司5%的股东是否可以将事项提上股东大会的议程？	1	《公司法》第102条第（二）款
6	买方的年度财务报表是否必须由外部审计师审计？	1	《公司法》第164条
7	买方是否必须向公众公开审计报告？	1	《公司法》第145条
8	如果买方是一家有限公司，其股东是否需要至少每年召开一次会议？	1	《公司法》第39条
9	如果买方是一家有限公司，持有买方公司5%及以上股票的股东是否可以将事项提上股东大会的议程？	1	现行法律并未禁止该事项
10	如果买方是一家有限公司，买方的年度财务报表是否必须由外部审计师审计？	1	《公司法》第164条

三、"保护少数投资者"指标存在的问题

梳理东北5市"保护少数投资者"指标，对标中国样本城市北

京和上海，并参照中国相关法规政策，本书发现东北地区"保护少数投资者"指标仍存在以下问题：

1. 对控股股东的限制缺乏明确的法律依据

《公司法》规定了控股股东应具有"忠实义务、勤勉义务和诚信义务"。然而，一是控股股东义务的具体内容在法律上不确定，对于义务的描述较为模糊，在控股股东应履行义务的范围上仍存在较大分歧；二是控股股东义务违反的认定在法律上不确定，对于义务违反情况的描述也较为模糊，缺乏公认的认定标准，从而使相同或相似案件，因审理法院或法官的不同，在判决结果上往往出现较大差别。由于上述两个方面的原因，对控股股东的限制缺乏明确的法律依据，导致控股股东并不能依照法律承担其行为的后果。

2. 监管机构对控股股东监管力度较弱

目前，大股东通过资金占用、违规担保等方式直接侵占中小股东利益的行为基本遏制，但大股东对中小股东的强势地位没有改变，大股东具有股份优势、资金优势和信息优势的现状也没有改变。而基本监管制度的不完备、监管法律依据的缺失使监管力度缺失。同时，大股东可能会通过投资的方式对监管机构造成影响，为选择性信息披露、内幕交易、强化内部人控制等不法行为带来便利，为少数投资者带来更大的风险。

3. 少数投资者维权渠道和保障不足

我国现阶段对中小投资者的法律维护还缺少实质性的突破，少数投资者的诉讼困境具体表现在举证信息搜集困难（大股东的投资信息难以获取）、诉讼成本过高（只有诉讼成功才能追讨诉讼费用）、时间周期过长（股权纠纷难以应用简易程序），结果往往是少数投资者因消耗不起而不了了之。即使诉讼成功，少数投资者的相关投资所有权可能已经被公司转移，判决缺乏执行力度，少数投资者难以合法维权。

4. 少数投资者的公司事务参与度较低

一般情况下，公司董事决策权力过大，少数投资者对于增加新股东、发行新股、公司股票买卖等事务缺乏强有力的影响，难以充分主张自身权利以实现对股权的维护。究其原因，一是信息不对称，少数投资者难以掌握全部有效信息，控股股东还可能通过信息披露操控掩盖事实真相；二是参与成本较高，少数投资者通常并不集中于公司所在地，参与公司事务存在客观困难；三是金融知识缺乏和风险认知水平偏低是少数投资者的共性特征，在行使表决权中存在"搭便车"行为和"依赖性盲从"心理，自我保护的意识和能力较弱。

第八节 纳 税

一、"纳税"世行方法论

本书记录一家中型企业在某一特定年份内必须缴纳的各种税项和强制性派款，以及衡量因纳税与支付派款和符合报税后程序（增值税退税和税务审计）而产生的行政负担（见表4-30）。

表 4 - 30　"纳税"世行方法论

指标衡量的是什么	案例研究的假设
2017 年制造业企业纳税（每年根据电子与联合申报和缴税进行调整后的数量）： ● 所缴纳或代缴的税项和派款的总数，包括消费税（增值税、营业税或货物和服务税） ● 报税和缴税的方式和频率 执行三种主要税项所需的时间（每年小时数） ● 收集资料、计算应纳税额 ● 如有需要，编制单独的税务会计账簿 ● 填写报税表，向中介机构报税 ● 安排纳税或代扣代缴 总税率和缴费比率（占商业利润百分比） ● 利润或企业所得税 ● 社会缴费、雇主缴纳的劳动税 ● 物业及物业转让税 ● 股息、资本利得、金融交易税 ● 废物收集、车辆、道路及其他税项 报税后流程指数： ● 遵守增值税退税规定的时间（小时） ● 获得增值税退税的时间（周） ● 遵守公司所得税更正规定所需的时间（小时） ● 完成企业所得税修正的时间（周）	《营商环境报告》用一个案例记录了一家中型企业在一年中必须缴纳的各种税项和强制性派款，并且衡量了因纳税与支付派款以及处理报税后程序而产生的行政负担。还对申报和缴税频率、纳税合规所需的时间、报税后程序要求合规所需的时间，以及等待的时间等信息进行汇编 为了使各个经济体的数据具有可比性，这里作了若干假设： 该企业是一家于 2016 年 1 月 1 日开始运营的中型应纳税的企业。该企业生产陶瓷花盆，并进行零售销售。所有记录的税项和派款都是在营业第二年（2017 年）缴纳的。税项和强制性派款在各级政府层面进行了衡量 增值税退税流程： 2017 年 6 月，应纳税企业使用大量的资金购买一个机器：机器价值是该经济体人均收入的 65 倍 销售额每月平均分布（1050 倍的人均收入除以 12），以及产品销售成本每个月支出相同（875 倍的人均收入除以 12）机器销售商需要缴纳增值税，如果投入、销售、机器的增值税税率相同，且纳税申报期为每月申报，6 月产生的超缴增值税或一般销售税将在此后连续的四个月内得到回收。2017 年 6 月，增值税进项税额超过销项税额 企业所得税审计流程： 所得税负债的计算错误（例如，使用不正确的税收折旧率，或将某项费用不正确处理为减免税款）所产生的不正确的所得税收益，导致企业所得税少付应纳税企业发现错误，并自愿通知税务机关。少缴纳的所得税负债是企业所得税应纳税额的 5%。应纳税企业提交的修正信息的时间是在提交年度纳税申报的截止日期之后，但在纳税评估期之内

二、"纳税"指标得分情况

东北地区 5 市"纳税"指标得分如表 4 - 31 所示。

表 4 - 31　东北地区 5 市"纳税"指标得分情况

营商环境评价指标	A 市	B 市	C 市	D 市	E 市
纳税（分）	52.06	53.80	59.78	66.22	58.72

续表

营商环境评价指标	A 市	B 市	C 市	D 市	E 市
缴纳次数（次）	8	8	9	7	7
时间（小时/年）	504.49	459.6	294	176	370
税及派款总额 （商业利润的百分比,%）	67.3	67.3	67.3	64.9	64.9
税后程序指标（0~100）	50	50	50	50	50

根据表 4-31 可知，从纳税指标得分来看，D 市得分最高（66.22 分）；A 市得分最低（52.06 分）。

从纳税次数上来看，C 市办理纳税次数最多（9 次）；D 市和 E 市次数最少（7 次）。

从时间上来看，在 D 市办理纳税用时最少，全年仅需 176 小时；而 A 市用时最多，全年需 504.49 小时。

从税及派款总额上来看，D 市和 E 市最低，占商业利润的 64.9%；而 A 市、B 市和 C 市最高，占商业利润的 67.3%。

各市的税后程序指标均为 50。

C 市和 E 市"纳税"指标得分情况如表 4-32 和表 4-33 所示。

表 4-32　C 市"纳税"指标得分情况

序号	一级子指标	二级子指标	计量方式	数据	合计
1	纳税次数	—	次数	9	9
2	时间	—	小时数	294	294
3	税及派款总额	—	占商业利润的百分比	67.3%	67.3%
4	税后程序指标	增值税退税合规时间	小时数	0	50
		获得增值税退税时间	星期数	0	
		企业所得税审计合规时间	小时数	1	
		完成企业所得税审计时间	星期数	0	

表 4-33　E 市"纳税"指标得分情况

序号	一级子指标	二级子指标	计量方式	数据	合计得分
1	纳税次数	—	次数	7	7

续表

序号	一级子指标	二级子指标	计量方式	数据	合计得分
2	时间	—	小时数	370.22	370
3	税及派款总额	—	占商业利润百分比	64.9%	64.9%
4	税后流程指标	增值税退税合规时间	小时数	0	50
		获得增值税退税时间	星期数	0	
		企业所得税审计合规时间	小时数	1	
		完成企业所得税审计时间	星期数	0	
纳税便利度（前沿距离）				58.72	
排名				145	

三、"纳税"指标存在的问题

梳理东北地区5市"纳税"指标，对标中国样本城市北京和上海，本书发现东北地区"纳税"指标仍存在以下问题：

1. 报税系统不稳定、难操作

报税系统经常更新，而系统对这些新的要求并未给予清晰明确的提示或指导意见，纳税人只能通过实践或试错摸索网厅操作方法，给纳税人增添办税负担。除此之外，升级后的报税系统仍存在运行不稳定的问题，部分纳税人反映"网厅总会出现无法登录或网厅打不开的情况"，还有纳税人反映"填写好的报税表格经常由于突然的系统出错而导致需要完全重新填报，系统没有暂存功能，报税需要耽误很长时间"。

2. 导税分流作用发挥不到位

税务机关应强化导税岗的分流作用，有些纳税人只是咨询业务，但是导税岗未能给予准确解答，只能让纳税人再去窗口咨询，在窗口资源有限的情况下，无法为窗口减负，反而增加了窗口负担，同时也占用了其他排队办税人员的时间，导致真正的办税人员在办税时间上的满意度不高。

3. 纳税辅导的有效性不高

一方面，税务工作人员对政策学习的主动性不高，税务机关提供的纳税辅导针对性较弱，形式大于内容，对于热点和复杂问题的讲解不够深入、不够及时。有企业反映，随着企业的快速发展，财务人员对税务相关政策的关注度也很高，有时候企业掌握的政策比专管员都及时，希望专管员可以更专业，对政策的解读和辅导更及时一些。

另一方面，税务辅导不到位。随着企业开办条件的放开及国家对于自主创业出台的鼓励政策，地区小微企业越来越多，企业对专业财务人员的需求量加大，新入行的财务人员大多较为年轻，在专业素质和经验方面均有不足，申报缴税的意识有很大不足，税务部门缺少对这类的实际问题进行及时的辅导教育。

4. 工作人员的业务水平和服务意识仍显不足

一方面，工作人员的专业能力还存在差距，近几年国家下发了很多纳税相关的优惠政策文件，纳税人越来越关注纳税政策，遇到无法解决的问题时会向税务人员寻求帮助，因此需要税务工作人员具备较强的学习能力。营改增后房产税的申报问题一直比较复杂，部分专管员也未能全面熟悉业务，专业能力不足，不能为纳税人提供及时有效的解决方案，影响纳税人满意度。

另一方面，部分税务工作人员主动服务意识不足，工作人员迫于问责压力,不敢轻易回答纳税人问题,纳税人只能自行解决,对于出台的新政策,工作人员也未能做到主动推进政策落实。

第九节 跨境贸易

一、"跨境贸易"世行方法论

《营商环境报告》记录了进出口货物物流过程有关的时间和成本。《营商环境报告》对货物进口或出口装运完整流程中的三套程序(单证合规、边境合规和国内运输)的相关时间和/或成本(不含关税)进行衡量(见表4-34)。

表4-34 "跨境贸易"世行方法论

指标衡量的是什么	案例研究的假设
单证合规 ● 获取、准备和提交在原产地经济体的运输、清关、检查和港口与边境装卸过程中的文件 ● 获取、准备和提交目的地经济体以及任何过境经济体所需的文件 ● 涵盖所有法律及实践所需的文件,包括以电子方式提交的资料 边境合规 ● 清关检查 ● 其他机构检查(如适用于超过20%货物) ● 经济体港口或边境装卸和检查 国内运输 ● 仓库或港口/边境装卸货物 ● 仓库与港口/边境之间的运输 ● 货物运输途中的交通延误和交通警察检查	对贸易货物和相关交易做出若干假设,以便确保各经济体的数据具有可比性 时间:时间按小时计算,一天为24小时(例如,22天记录为22×24=528小时)。若清关需要7.5个小时,则数据按实际计算。或者,假设在早上8:00向海关机构提交文件,隔夜处理完成,可在第二天早上8:00提货;则清关时间将记录为24小时,因为实际手续需要24小时 费用:保险费用以及未开具收据的非正式付款均不包含在记录费用内。费用以美元计算。要求数据提供者根据回答调查问卷当天的汇率将当地货币换算成美元。数据提供者是国际贸易物流领域对汇率情况非常了解的私营部门专家 案例研究假设: ● 对于《营商环境报告》覆盖的所有190个经济体来说,假定货物在出口经济体最大商业城市的仓库,并将会运输到进口经济体最大商业城市的仓库 ● 假设每个经济体从其自然进口贸易伙伴进口15公吨集装箱汽车零部件(HS 8708)——从这个经济体进口最大价值(价格乘以数量)的汽车零部件。假设每

指标衡量的是什么	案例研究的假设
	个经济体都将其具有比较优势（以最大出口价值定义）的产品出口到其自然出口贸易伙伴——该经济体为该产品的最大购买者。货物价值假定为50000美元
	● 所选择进出口产品和贸易伙伴使用最广泛的运输方式为海港或陆路过境运输。
	● 任何政府机构要求提交的与货物有关的所有电子信息均认为是在出口或进口过程中获得、准备和提交的文件。
	● 港口或边境是商品进出经济体的地方（海港或陆路边境）
	● 相关政府机构包括海关、港务局、交通警察、边防警卫、标准化机构、工业部和农业部、国家安全机关以及其他政府部门

二、"跨境贸易"指标得分情况

东北地区5市"跨境贸易"指标得分如表4-35所示。

表4-35　东北地区5市"跨境贸易"指标得分情况

营商环境评价指标	A市	B市	C市	D市	E市
跨境贸易（分）	82.97	69.91	73.75	82.59	80.12
进口时间（小时）：边界合规	60	92.3	87.5	48	36
进口成本（美元/箱）：边界合规	306	745	514.45	326	396
进口时间（小时）：单证合规	35	65.7	54	24	72
进口成本（美元/箱）：单证合规	62	170.9	128.3	122.3	109
出口时间（小时）：边界合规	24	25.9	37.17	25.9	26
出口成本（美元/箱）：边界合规	354	484.1	467.33	314	314
出口时间（小时）：单证合规	16	21.2	10	8.6	9
出口成本（美元/箱）：单证合规	39	84.6	93.9	73.6	74

根据表4-35，从跨境贸易指标得分来看，A市得分最高（82.97分），B市得分最低（69.91分）。

从边界合规进口时间上来看，B市用时最多（92.3小时），E

市用时最少（36 小时）。

从边界合规进口成本上来看，B 市成本最高（745 美元/箱），A 市成本最低（306 美元/箱）。

从单证合规进口时间上来看，E 市用时最多（72 小时），D 市用时最少（24 小时）。

从单证合规进口成本上来看，B 市成本最高（170.9 美元/箱），A 市成本最低（62 美元/箱）。

从边界合规出口时间上来看，C 市用时最多（37.17 小时），A 市用时最少（24 小时）。

从边界合规出口成本上来看，B 市成本最高（484.1 美元/箱），D 市和 E 市成本最低（314 美元/箱）。

从单证合规出口时间上来看，B 市用时最多（21.2 小时），D 市用时最少（8.6 小时）。

从单证合规出口成本上来看，C 市成本最高（93.9 美元/箱），A 市成本最低（39 美元/箱）。

三、"跨境贸易"指标存在的问题

梳理东北地区 5 市"跨境贸易"指标，对标中国样本城市北京和上海，本书发现东北地区"跨境贸易"指标仍存在以下问题：

1. 货物进出口通关的物流成本较高

物流成本主要体现在时间成本和费用上，目前，东北地区通关时间有了显著压缩，但对标先进地区，企业进出口贸易在物流方面耗费的时间仍然较长，物流信息获取的及时性仍需加强。同时，物流配套设施的局限性也大大增加了物流成本。

2. 口岸收费需要进一步规范

东北地区部分城市报关行和货代等中介机构较多，中介服务的需求量与供给未能达到平衡，导致各中介机构通过打价格战增加其市场竞争力，严重影响了市场的秩序。

3. 优化营商环境的配套服务仍有欠缺

东北地区部分城市的海关为提升跨境贸易便利度实施了一系列有效的举措，但与之配套的培训服务等需要进一步落实深化，企业或报关代理在接收新的优化政策时需要付出较大的学习成本，影响企业获得感。

4. 企业通关透明度较低

企业通关透明度较低，主要体现在过程和规则的透明程度，单一窗口建设需进一步完善，优惠政策的落实和市场收费管理需要持续加强。

5. 窗口工作人员服务意识有待加强

有企业反映，实际通关时长与相关部门系统统计的时长有差距，窗口人员的服务意识有待加强，办事员若在下午临近下班时间报检，相关部门工作人员会引导办事员次日提交材料，以便缩短材料在系统内的流转时间，进而统计出"更好看"的数据，违背了"让群众少跑腿"的服务理念，影响了企业满意度和政府部门的形象。

第十节　合同执行

一、"合同执行"世行方法论

"合同执行"指标衡量了通过地方一审法院解决商业纠纷的时间和成本，以及司法程序指数的质量，评估各经济体是否已采取一系列良好实践来提升法院系统的质量和效率。

表 4-36　"合同执行"世行方法论

指标衡量的是什么	案例研究的假设
通过法院执行合同所需时间（日历日）： ● 立案服务时间 ● 审判判决时间 ● 执行判决时间 通过法院执行合同所需成本（占索赔金额百分比）： ● 律师费用 ● 诉讼费 ● 执行费用 司法程序质量指数（0~18）： ● 法院组织和诉讼程序（-1~5） ● 案件管理（0~6） ● 法院自动化（0~4） ● 替代性纠纷解决机制（0~3）	本案例研究中的纠纷涉及两家国内企业违反销售合同。该案例研究假设法院已听取有关争议货物质量的专家意见。这将本案例与简单的债务执行区分开来 为了使各个经济体的数据具有可比性，《营商环境报告》对该案例作了若干假设： ● 这场纠纷涉及两家企业（卖方和买方）之间的合法交易，两家企业都位于中国最大的商业城市 对于收集了第二大商业城市数据的 11 个经济体： ● 买方订购的定制货物，但声称货物质量不合格而未付款 ● 纠纷所涉价值是人均收入的 200%，或者相当于当地货币 5000 美元，两者以较大为准 ● 卖方将买方告上法院，该法院对人均收入 200% 或 5000 美元的商业案件拥有管辖权 ● 卖方要求在审判前扣押被告动产，以确保索赔 ● 关于货物质量争议需要听取专家意见 ● 法官判决卖方胜诉，且无后续上诉 ● 卖方通过公开出售买方动产来执行判决

二、"合同执行"指标得分情况

东北地区 5 市"合同执行"指标得分如表 4-37 所示。

表 4 – 37　东北地区 5 市"合同执行"指标得分情况

营商环境评价指标	A 市	B 市	C 市	D 市	E 市
合同执行（分）	81.17	79.34	77.29	79.36	79.37
时间（天）	502	502	496.3	502	502
成本（标的额的百分比，%）	12.6	12.55	13.5	12.5	12.5
司法程序质量指数（0~18）	16	15	14	15	15

根据表 4 – 37，从合同执行得分上来看，A 市得分最高（81.17分），C 市得分最低（77.29分）。

从时间上来看，C 市用时最少，需 496.3 天；而其他城市办理合同执行用时均为 502 天。

从成本上来看，C 市办理合同执行的成本最高，占标的额的 13.5%；而 D 市和 E 市办理合同执行的成本最低，占标的额的 12.5%。

司法程序质量指数方面，A 市得分最高（16 分），C 市得分最低（14 分）。

C 市和 A 市"合同执行"指标得分情况如表 4 – 38 和表 4 – 39 所示。

表 4 – 38　C 市"合同执行"指标得分情况

编号	一级子指标	二级子指标	数据	合计
1	合同执行时间（天）	—	496.3	496.3
2	合同执行成本（元）	诉讼费	1197.2	7524.3 (13.5%)
		执行费	738.3	
		律师费	5588.8	
3	司法程序质量指数	法院结构和诉讼程序指数	5	14
		案件管理指数	4	
		法院自动化指数	2	
		替代性纠纷解决指数	3	

表4-39 A市"合同执行"指标得分情况

一级指标	二级指标	数据	合计
合同执行时间 （天）	归档服务	30	502
	立案到判决	190	
	等待执行	92	
	立案到执行	190	
合同执行成本 （元）	诉讼费	1829.35	10252.62 (12.6%)
	执行费	1117.61	
	律师费	7305.66	
司法程序 质量指数	法院结构和诉讼程序指数	5	16
	案件管理指数	5	
	法院自动化指数	3	
	替代性纠纷解决指数	3	

三、"合同执行"指标存在的问题

梳理东北5市"合同执行"指标，对标中国样本城市北京和上海，本书发现东北地区"合同执行"指标仍存在以下问题：

1. 法院合同执行力度不足

东北地区在合同执行环节上面临的最主要问题是判决执行力度不足的问题，即"执行难"问题。人民法院"执行难"是当前我国诉讼流程的突出问题，也是我国的一种特殊现象，我国合同执行指标得分普遍偏高，但与此相对，实际执行落实工作表现不佳，这与评估指标的高得分形成偏差。

2018年是"基本解决执行难"的决战之年，但东北地区在"执行难"问题上仍然面对一系列困境，在财产案件的强制执行环节，法院仍缺少有效的执行力。企业表示"不是官司打不赢，而是赢了也拿不回钱"，法官则表示标的额并不能决定执行难易程度，

"越小的标的额可能越难执行，因为这表示被执行人实在没有钱了"。

2. 法庭机构设置不合理

法庭机构的设置决定各法庭权责分配，也决定审判和执行的流程次序，其设置的不合理是造成"执行难"重要的体制原因。目前，"立审执分离"的管理机制，造成流程上存在衔接不畅问题。在审判到执行环节，诉前保全和诉讼保全运用较少，有的判项不具有执行操作性，致使执行更加困难。在组织结构中，执行局隶属于法院，使执行局常常面对上级政府部门或是党政机关组织的干预，执行不独立，在执行过程中受到的客观影响较多，加大了执行困难。

3. 行权过于集中

从执行机制的设立上，一些执行员没有法官资格，执行权却全部落于执行员身上，导致执行权过分集中，这不利于权力的制衡，同时也容易出现权力的滥用。产生这种情况的主要原因就是在立法层面上还存在较大的完善空间，未能确定执行部门合理的法律地位。关于执行权的行使主要依靠我国现有的《民事诉讼法》，但是在《民事诉讼法》中并没有对人民法院执行做出具体的规定，这使得在权力的实施过程中，难以建立有效的反馈与监督机制并对权力的使用加以约束，因而造成了"执行难"的局面。

4. 执行人员整体专业素质偏低

执行队伍的数量不足、专业素质不高、司法态度不强是造成法

院"执行难"的人员因素。首先，执行局法官编制比例低，法官人
均案件额度偏多，远超正常工作负荷，导致大量非员额内执行法官
（法官助理、文职人员等）参与办案，降低执行效率。其次，大多
法院重审判、轻执行，导致执行岗位工作人员总体素质低于审判岗
位人员，法律知识掌握不够，解决问题的方法简单，执行环节专业
性不足。最后，委托法院和受托法院可能出现互相推卸责任现象，
相当一部分标的额较小，案件情节较简单的案件，委托法院依然对
外委托，人为地增加了执行难度。

第十一节　破产办理

一、"破产办理"世行方法论

《营商环境报告》研究国内企业破产程序的时间、成本和结果。
这些变量用于计算回收率。回收率指有担保债权人通过重整、清算
或债务强制执行（没收担保品或接管）程序，可从每一美元的权益
中回收的美分数。为了确定债权人收回的金额的现值，《营商环境
报告》使用国际货币基金组织的贷款利率进行计算，并利用中央银
行和经济学人智库的数据加以补充（见表4-40）。

表4-40　"破产办理"世行方法论

指标衡量的是什么	案例研究的假设
追回债务所需的时间（年）： ● 以自然年计 ● 包括上诉和请求延期的时间 追回债务所需的成本（占债务人财产的百分比）： ● 按占财产价值的百分比计量	为了使各经济体的时间、成本和结果数据具有可比性，使用了有关企业的若干假设和案例： ● 位于最大型城市（或多个城市）的酒店拥有201名员工和50家供应商酒

指标衡量的是什么	案例研究的假设
● 诉讼费 ● 破产管理人的费用 ● 律师费用 ● 估价师和拍卖师的费用 ● 其他相关费用 结果： ● 企业持续经营，还是业务资产被零星出售债权人回收率 ● 担保债权人在每一美元的权益中可收回的美分数 ● 企业（是否存续）的结果决定可回收的最大价值 ● 扣除破产程序的官方费用 ● 考虑家具折旧 ● 收回债务的现值 破产框架力度指数（0~16）： ● 启动程序指数（0~3） ● 债务人资产管理指数（0~6） ● 重整程序指数（0~3） ● 债权人参与指数（0~4）	店面临财政困难： ● 酒店的价值是人均收入的 100% 或 200000 美元的等值当地货币（以较大者为准） ● 酒店办理了国内银行贷款，并以酒店房产作为抵押担保。酒店无法偿还贷款，也无法赚取足够的资金继续经营 另外，《营商环境报告》评估适用于司法清算和重整程序的法律框架的质量，以及法律框架下的每个经济体遵循良好惯例的程度

二、"破产办理" 指标得分情况

东北地区 5 市"破产办理"指标得分均为 55.82 分，破产办理回收率占债务额的 36.9%，破产框架力度指数均为 11.5 分，如表 4-41 所示。破产框架力度指数详细得分情况如表 4-42 所示。

表 4-41 东北地区 5 市"办理破产"指标得分情况

营商环境评价指标	A 市	B 市	C 市	D 市	E 市
破产办理（分）	55.82	55.82	55.82	55.82	55.82
回收率（债务额的百分比，%）	36.9	36.9	36.9	36.9	36.9
办理破产时间（年）	1.7	1.7	1.7	1.7	1.7
办理破产成本（占财产的百分比，%）	22	22	22	22	22
破产框架力度指数（0~16）	11.5	11.5	11.5	11.5	11.5

表 4-42　东北地区 5 市破产框架力度指数详细得分情况

编号	指标	得分	说明
一	启动程序指数	3	
1	债务人是否可以启动清算和重组程序	1	《企业破产法》第 7 条
2	债权人是否可以启动清算和重组程序	1	《企业破产法》第 7 条
3	启动破产程序使用什么标准	1	《企业破产法》第 2 条
二	管理债务人资产指数	5	
1	债务人（或其破产管理人代表）是否可以继续履行对债务人生存必需的合同	1	《企业破产法》第 18 条规定，"管理人对破产申请受理前成立而债务人和对方当事人均未履行完毕的合同有权决定解除或者继续履行"
2	债务人（或其破产管理人代表）是否可以拒绝过于烦琐的合同	1	为问题 1 接续问题，依据同上
3	破产程序启动前进入的给予一个或多个债权人优惠的交易，诉讼开始后是否可以撤销	1	《企业破产法》第 32 条
4	破产程序启动前进入的被低估的交易，诉讼开始后是否可以撤销	1	《企业破产法》第 31 条
5	破产框架是否包括允许债务人（或其破产管理人代表）在破产程序启动后，为履行其职能而获取融资的条款	1	《企业破产法》第 69 条、第 75 条
6	在资产分配期间，启动后债权人是否优先于普通无担保债权人	0	法律未对该情形进行规定
三	重组程序指数（2.5/3）	2.5	
1	重组计划是否只有权利被计划改变或受其影响的债权人可以表决	0.5	《企业破产法》第 82 条规定了四类"债权的债权人参加讨论重整计划草案的债权人会议……分组对重整计划草案进行表决"。因此，所有债权人都可以表决计划，得 0.5 分
2	有权表决计划的债权人是否分成若干类，每个类单独表决并且每一类中的债权人都同等对待	1	《企业破产法》第 82 条、第 84 条、第 86 条
3	破产框架是否要求持反对意见的债权人在重组计划下获得和他们将在清算中同样多的所得	1	《企业破产法》第 87 条

续表

编号	指标	得分	说明
四	债权人参与指数	1	
1	债权人是否可以任命破产管理人，或有权批准或拒绝破产管理人的任命	0	《企业破产法》第22条规定，"管理人由人民法院指定。债权人会议认为管理人不能依法、公正执行职务或不能胜任的，可以申请更换"。因此无权任命、批准与拒绝
2	债权人是否需要批准破产程序过程中债务人的大量资产的出售	0	法律未对该情形进行规定
3	个人债权人在破产程序进行中是否有权获得有关债务人财务的信息	0	法律未对该情形进行规定
4	个人债权人是否可以反对法院或破产管理人的决议，从而关于批准或拒绝债权人本身或其他债权人对债务人提出的要求	1	《企业破产法》第64条、第66条
	合计	11.5	

三、"破产办理" 指标存在的问题

梳理东北地区5市"破产办理"指标，对标中国样本城市北京和上海，并参照中国相关法规政策，本书发现东北地区"破产办理"指标仍存在以下问题：

1. 现行破产申请制度缺乏启动动力

根据《企业破产法》的规定，我国现行破产法采用的是申请破产制，且有权申请破产的主体也只有债权人、债务人和负有清算责任的人三类。申请破产制下破产案件的启动只有两种：自愿破产和强制破产，前者是由债务人主动申请的破产，后者是指由债权人申请启动的破产。这种破产启动设置并不能达到破产制度设立的目的，在实践中经常发生破产申请人因缺乏申请动因而怠于提起申请的情况，导致我国破产程序"启动难"，企业的破产率远低于一般国家的正常比例，出现了大量当破而不破的"僵尸企业"，破产程序未能建立起合理的市场退出机制，难以充分发挥其社会调节作用。

2. 现行破产制度未能有效保护债权人利益

现行破产制度对于债权人利益保护不够，导致其申请破产动力不足，是破产案件"启动难"的主要原因。对于担保债权人来说，即使债务人达到破产界限，担保债权人也可以优先实现自己的债权，而一旦申请破产，债务人的担保物就会被列入破产财产，可能会使担保物效力暂停，而将担保的情况和担保财产置于管理人和人民法院的监督之下；对于普通债权人而言，由于我国的执行程序中采用的是"先采取执行措施的债权人有优先受偿权"的优先主义，如果此时普通债权人提起破产申请，很可能只能得到部分清偿，而如果积极采取措施寻找到被执行人未被采取保全措施的财产，就有得到充分清偿的可能。因此，提出破产申请对于债权人债权的实现不但没有实际利益，还可能起到不良影响，破产案件自然难以启动。

3. 办理破产过程中举证困难

对于普通债权人来说，办理破产的举证责任大，申请成本高，造成办理破产"运行难"。要提出破产申请，首先要对债务人达到破产界限进行举证，在举证过程中往往需要对担保债权或保全在先的债权进行举证，而对于担保物权人和优先保全债权人来说，为了能继续使自己在清偿顺位中获益避免后来者"搭便车"，在此利益中分一杯羹，往往不会配合其举证，这就使普通债权人的举证变得极其困难。此外，在举证困难的情况下，如果破产申请不被受理，很可能导致债务人对其提起诉讼，使其承担额外的申请成本。

4. 办理破产司法程序烦琐

我国现行《企业破产法》设置的司法破产程序过于烦琐，且法律并没有设置企业破产案件简易审理程序，导致破产案件平均审理周期都要两三年或者更长，是办理破产"运行难"的最突出表现。《企业破产法》的实施效果不尽如人意，严重影响了破产法律制度对于市场秩序的积极调节功能的发挥，也造成了有限的司法资源的浪费。有限的司法资源需要合理配置，破产案件有繁简和难易之分，诉讼程序的设置应与案件的难易程度相对应。对于那些执行不能转为破产的案件往往无产可破，因此应建立企业破产案件简易审理程序，简化破产程序，减少法院在审理破产案件中人力、物力的投入，提高案件审判和执行效率。

5. "僵尸企业"治理效率较低

2015 年 12 月 9 日，国务院常务会议明确提出了要对"僵尸企业"进行处置，并将其认定范围界定为"企业连续三年利润为负，且不符合结构调整方向的企业"，该标准很容易把握，且易于理解，同时实践中也具有操作性。然而，在实际处置"僵尸企业"的过程中仍然面临很多障碍，本应该通过破产清算处置的"僵尸企业"，却因为我国的现实困境和法律制度的不完善，导致在实践中并未达到理想的效果。就政府层面而言，一方面，地方政府习惯性地利用行政力量去推动企业的兼并或重组，并且给所管辖区域内的企业布置超出其能力范围的就业指标，给一些缺乏效率、存活无望的"僵尸企业"提供各种补贴，加速了企业的僵尸化；另一方面，破产案件专业化程度高，涉及多部法律，人员、案情、财产都很复杂，对法官的专业程度提出巨大挑战。

6. 破产重整程序施行困难

对"僵尸企业"的重组是我国"供给侧结构性改革"的重要举措，但是，破产重整程序在实践中没有得到有效运行。一方面，破产重整程序启动难，债权人和债务人都缺乏申请破产重整的积极性和主动性，大量企业成为"僵尸企业"，而无动力进行重组以恢复经营；另一方面，破产重整程序运行难，由于我国破产重整制度历史较短，法律规定又缺乏科学性和实用性，同时破产法官和管理人缺乏处理破产重整案件的经验，导致重整程序运行不畅，严重拖延已成普遍现象。

第五章
东北地区营商环境不佳的
体制机制因素分析

一、协同治理体系有待进一步加强

世界银行营商环境评价主要围绕环节、时间、成本、质量等维度展开。而要实现环节压减，关键在于不同层级、不同职能的部门间做好协同，目前来看，东北地区协同治理体系仍存在以下问题：

一是审批权下放与审批权相对集中需要协同。目前国家在积极梳理各审批事项，有的下放到区县，有的尚未下放，目前尚未做到市县同权审批，有的审批权在市里，有的在区县；多数审批事项进驻服务大厅或审批局，但有些事项仍然在原单位，所以企业走完一个流程发现有的审批在市直部门，有的在市政大厅，有的在区级部门，有的在区大厅，多次跑动、多头跑动的问题仍然存在。

二是审批权下放要考虑基层部门的承接能力。有些审批事项由于下级行政部门既无专业审批能力，又无人员编制，设施设备不专业，无力承接审批事项，因此有的地方存在反向委托的情况。比如，有的地方将办理安全施工措施审查合格证明及房屋安全建筑安全生产验收备案两项市级管理权限下放到区县，但是有些区县不具备从事安全监督工作需配备检查工作需要的仪器、设备、工具、安全防护用品以及工程安全专业监督人员，因此又将这些权力反向委托给市建设部门管理。

三是横向跨部门协同需要统筹推进。在建设工程审批方面，各市均出台了一系列文件，提出要实现"多规合一""并联审批""区域评估""多评合一""多图联审""联合踏勘""联合验收""预审代办"等，但在实际操作过程中，这些制度难以得到有效落实。例如在消防转隶阶段，涉及消防审图职能的转移，很多地方均反映，有一段时间，业主申请消防审图和验收工作不予受理，影响了企业的经营业务的开展。企业在办理业务过程中，经常会遇到的困惑是，我该先找哪个部门？办完一个业务后，我再去哪个部门办哪个环节？

四是内外协同亟待破局。深入推进行政审批制改革，需要加强内外协同。例如在建设工程审批过程中，往往设有中介评审评估环节，许多企业反映，目前中介评审费用高、时间长，增添了企业负担，成为影响改革成效的体制外梗阻。

五是数据壁垒尚未打通。仍有部分自建业务系统尚未与一体化政务服务平台对接整合，跨层级、跨部门间业务协同还存在信息不共享、数据不跑路等问题，影响了"网上办""一窗办""就近办"等改革的深入实施。

二、企业成本需进一步降低

世界银行的评价指标体系希望能够有效降低中小企业的经营成本。调研发现，目前东北地区生存发展的要素方面存在不足，尚未形成互促共赢的良性循环，企业成本一直居高不下，主要体现在以下几个方面：一是企业要素成本过高。现有市场主体总量与发达地区差距较大，结构不优，在用地、用房、用能等方面成本较高，导致各专项领域的市场主体培育程度较低，政府性担保机构、创新平台较少且服务能力不强，规模效应难以发挥，对企业发展缺乏全生命周期的支撑体系。二是资源共享平台缺乏。科技条件平台聚集创新资源数量不多，市场化机制不健全，服务作用发挥还不充分，在线注册企业家和共享科研仪器设备数量远低于发达地区，特别是在实现供需双方实时在线撮对对接、有效解决企业技术难题、加快科技成果转移转化等方面还不够。

三、市场主体满意度有待提升

世界银行营商环境评价的主体是相关中介机构、市场主体和专家。营商环境评价围绕市场主体展开，提出"以市场主体需求"为导向，不断提升市场主体满意度。调研发现，目前东北地区惠企政策市场主体满意度不高，主要体现在以下几个方面：一是缺少市场主体参与政策制定。虽然政府出台了重大政策性文件调研论证制度，但缺少征求意见协调会、涉企政策企业家智库及政策答辩等平台和渠道，造成市场主体实际参与度偏低，获得感不强。二是政策深度不够，政策门槛高。部分企业表示，个别惠企政策的准入门槛较高，申报困难。部分政策连续性不好且时效较短，造成政策产业链不够完整，影响市场主体感受。三是政策兑现周期较长。政策抵达企业周期较长，缺少统一兑现窗口，尚未能应用大数据精准实现政策的免申即享，企业感知、兑现政策均滞后。

四、营商法治化保障水平低

在世界银行的营商环境指标体系中，"合同执行""破产办理""保护少数投资者""获得信贷"等指标都与法治密切相关。法治作为改善其他要素的重要抓手和保障，一直是营商环境评价的核心要素。目前东北地区的法治保障营商环境建设水平仍旧较低，主要体现在以下几个方面：

一是部分执法人员对行政执法的根本目的和意义认识还不到位，在执法办案中，部分执法人员更注重对当事人罚款，而对如何采取有效措施纠正违法经营行为的重视程度还不够。在执法检查工作方面，有企业代表反映部分城市存在"以罚代管、只罚不管、重罚款轻监管"的现象，也有企业代表反映"重复检查，影响企业生产经营"。

二是东北地区市场主体对于司法审判工作的公正性和效率存在一定的意见。各级法院在推广自助立案、预约立案、网上立案、微信立案模式方面还有不足，诉讼服务中心建设仍需完善。解决执行难的长效机制仍有缺陷，执行案件的实际执结率偏低，执行联动机制的责任部门配合度不高。

三是权责清单应用成效尚不显著。虽然各部门均有对应的权责清单，但目前效果并未完全发挥，清单所有的权力法定、权力透明、权力监督、权界明晰、责任强化、绩效评价、核编依据、修法参照、改革底数等多方面的功能并未得到整体释放，制度建设的综合效应未能显现。

五、政务服务信息化建设相对滞后

网络治理和数据治理能力是提升营商环境服务品质的重要一

环。通过智慧化管理实现网络和数据治理，主动为市场主体提供更加宽松、优质的营商环境，多方努力服务企业谋求发展。目前东北地区政务服务智慧化建设还不够完善，数据的横向协同和纵向聚合程度均较低，东北地区一体化在线政务服务平台建设推进尚需提速。2018 年 7 月 31 日，国务院印发《关于加快推进全国一体化在线政务服务平台建设的指导意见》（国发〔2018〕27 号），就深入推进"互联网＋政务服务"，加快建设全国一体化在线政务服务平台，全面推进政务服务"一网通办"作出重要部署。东北各地也要求加快一体化在线政务服务平台建设：统一申报入口，联通业务专网，将各地区、各部门政务服务事项统一纳入平台提供服务，取消各级审批部门网上申报和指南查询入口，并将申报功能向手机端、自助办理终端延伸，提高网办率。但是通过调研了解到，目前东北各地虽然已经上线运行了一体化在线政务服务平台，统一了部分服务入口，推进整合了自建系统和国家级、省级业务系统，但受制于部分部门统一的省级专网，一体化政务服务平台中数据的完整性、系统性、标准化程度不够，数据信息的流转性低。有的地方通过二次数据录入提高网办率，并未发挥其应有的信息整合、数据共享等作用。身份认证、电子印章、电子签名、电子证照、电子档案、电子支付等未能得到广泛应用。不动产、车辆、人事、公积金、社保、医保、户籍等领域的档案没有全部实现电子化。

六、创新创业驱动力不足

世界银行营商环境评价是比较国家或地区经济软实力的重要方法。如今各国越来越重视营商环境建设，持续释放创新创业活力，不断提高经济实力和综合竞争力。东北地区新增市场主体数量在全国处于后位，市场主体创新能力不强、民营经济偏弱、实体经济发展不足等短板还很突出，各类创新平台与发达地区相比数量明显不足，特别是缺少国家实验室、大科学装置。部分高端创新平台正处于建设初期，创新资源集聚不够，创新能力、辐射作用不大。创新平台建设时间比较长，与产业结合不密切，需要进一步优化整合。企业初创期获得资金难度大，天使创新、创业投资、股权投资不发达，政府产业引导基金更多地投向优势产业和企业，对小微企业的支持不够。专业服务能力不强，现有创客人数与发达地区相比差距较大。专业化的服务团队、创业导师、专业基金数量稀缺，导致双创精准对接能力弱、成活率还不高。

七、优化营商环境的各项政策措施落地实施的效果有待实践检验

东北地区各个城市均出台了一系列优化营商环境的政策措施，有的措施得到了很好的执行，取得了积极的效果。但仍有很多政策措施由于缺乏可操作性，或由于需要调整涉及的政府部门利益，并未得到有效落实。

也有部分政策已经推行，但并未从根本上解决问题。比如有的城市推出建设工程联合竣工验收制度，应该说政策设计是好的，但是在实际操作中，相关部门要求建设单位先与各验收单位沟通，可以验收后，再提交联合验收的申请，企业该走的环节不仅一个没少，还需要将所有问题都解决了才可以申请验收，反而增加了企业的负担。

要警惕出现的营商环境建设数字锦标赛现象，多数城市在营商环境建设方面过分追求数字，追求排名，忽视了建设的质量和实际

效果，与企业的实际感受不太一致，影响了企业和公众对政府的信任。

八、营商意识和氛围有待提升

世界银行营商环境评价体系是一个较为完善的公共评价体系，目前已为各国广泛认可，成为衡量营商环境优劣的标准，受到各国政府及投资者的关注。通过提高营商意识、营造浓厚氛围，全面优化营商环境，振兴实体经济，全力推动企业高质量发展。目前，东北地区各级政府及工作人员本位主义、重管理轻服务等思维定式仍然存在，全民参与营商环境建设的氛围有待进一步深化。营商环境各领域建设是需要多部门统筹的，但目前，多数部门仍局限于单位职能，不能从营商环境各领域、各指标的角度统筹考虑工作，导致部门工作缺少协同，工作推进存在"中梗阻"，链条延伸难、系统推进难。各级公务人员主动服务意识比较薄弱。虽然建立了多种政企沟通渠道，但思想作风转变是一个长期过程，"店小二"意识仍不深入，思想上"清"、行为上"疏"，事不关己、冷言冷语等现象仍然存在。

第六章
优化东北地区营商环境的对策建议

通过精简办事环节、降低企业成本、提升市场主体满意度、加强法治公信力建设、打造智慧便捷的政务环境、鼓励支持创新创业、塑造特色营商文化等一系列改革，实现地区营商环境的全面优化，是本书基于评估调研结果和企业的评价与需求作出的路径判断。

一、强化对世界银行评估方法论的学习和理解

世界银行《营商环境报告》素以严谨著称，几乎每项指标，都以一篇经典文献作为方法论基础，并设计了周密的二级、三级指标，采集并分析10个商业监管领域详细而客观的数据，以帮助各经济体发现并纠正问题。就方法论而言，世界银行确立的指标体系，具有可竞争性、可比较性、可量化性以及可改革性，前三者保证了评价的科学性，最后一点，则为每一个经济体留下了发展完善的空间。对世界银行评估方法论的学习和理解能够让各部门充分掌握世界银行的评估要点、评估规则和计算方法，明确改革方向，从

而能够为建立具有中国特色的营商环境评价指标体系奠定坚实的理论基础。

同时，我们也要客观看待世界银行的评价指标体系，对其方法论及评价体系还要进一步深入研究。世界银行的指标要对全球不同经济体之间的基本监管制度进行比较，因此，有些指标不宜直接复制过来进行国内不同省份、不同城市间比较；有些指标背后的方法论依据和我国的制度安排可能存在偏差，要坚持为我所用的原则，采取的相关优化措施也要注意坚持我国的各项基本制度。

二、精简办事环节

根据世界银行营商环境评价方法论，营商环境评价的重点聚焦于减环节、减时间、减成本。依据东北地区实际调研情况，需进一步精简办事环节，可以通过以下几个方面实现：

一是持续推进简政放权。持续推动"放管服"改革，破除体制机制障碍，优化政府工作流程，全面提升行政效能，提升便利化水平，激发市场主体活力。深化简政放权，进一步优化部分领域审批权限下放标准和规整审批工作链条，彻底消除"两头跑"现象。合理高效的部门联动机制，有助于解决利益群体众多、突发性、复杂性问题。部门联动的特点在于跨区域、跨部门整合资源，通过统一指挥、联合行动的方式形成问题处理的规模收益和集成效应。

二是一网通办实现数据互通。完善一体化在线政务服务平台功能，建立完善的企业库、项目库、证照库，完善电子化应用，实现政务服务事项全流程、多渠道、一体化运行以及业务跨区域、跨部门、跨层级办理。加大环节精简和流程优化再造，强化跨部门协同和前台综合、后台整合，更好地推动"高效办成一件事"。推动便民服务"一次授权、材料免交、自动办理、无感通办",逐步实现"不见面审批",全面提升政务服务治理体系和治理能力现代化,实现数据信息共享。以"开办企业"指标为例,从企业开办全程电子化系统到税务系统、公安系统、人社系统等,都需要通过数据信息共享实现部门联动,提高企业办事效率。

三是加强事中、事后监管。健全部门监管事项清单和事中、事后监管机制,整合监管系统,建立"互联网+监管平台",实现协同监管、大数据监管、智能监管,扩大监管覆盖面,彻底改变以审批替代监管。

三、切实降低企业成本

根据世界银行营商环境评价方法论,营商环境评价的重点聚焦于减环节、减时间、减成本。依据东北地区实际调研情况,需进一步降低企业成本。在用地方面,对利用已建成工业园区内剩余用地增加自用生产性工业厂房及相应辅助设施的不收地价;研究出台工业用地分割转让办法,盘活闲置工业用地。在用房方面,开展房屋租赁管理立法,实施分级分类价格管理,按片区对厂房、写字楼、出租屋的租金进行引导,促进租赁房屋租期和租金稳定;鼓励标准化厂房、工业楼宇分幢、分层向中小企业转让。在用能方面,持续推行基础设施建设工程收费优惠政策,继续降低供电、供气、供热、通信等基础设施建设工程费;推进智能电网建设,推广使用智能水表,逐步缩小企业用水、用气价格与先进地区的差距。落实民营企业税收优惠政策,对相关企业实施分类指导,引导和促使企业最大限度地享受政策红利,确保所有行业税负只减不增;积极采取纳税辅导、教育疏导等柔性措施,对轻微违规行为及时提醒,对非主观故意违法从低处罚，对确有困难的纳税人可减征免征税款，对新办企业增值税纳税人购买税控系统产品费用和缴纳的技术维护费用，在增值税应纳税额中全额抵减。

四、提高市场主体满意度

世界银行营商环境指标评价中市场主体满意度是重中之重，市场主体满意度的提升也是营商环境建设的主要目的。市场主体满意度聚焦于市场主体自身主观感受，与营商环境中的时间、成本等指标并非呈直接线性关系。改善营商环境应该注重"用户体验"，不能只盯着政府内部的评比、考核，还得看改革之后，程序能不能走通、企业有没有真正得到实惠。要从政府内部考核导向转变为"用户评价导向"，促进政府提高工作效率和服务质量，不断提高企业和群众的获得感、满意度。

一是建立健全政策评估制度。研究制定建立健全政策评估制度的指导意见，以政策效果评估为重点，建立重大政策开展事前、事后评估的长效机制，积极发挥企业家、社会组织和第三方专业研究机构等多元化的评估力量，通过企业监测平台、问卷调查等形式定期对惠企政策开展评估，推进政策评估工作制度化、规范化，使政策更加科学精准、务实管用。

二是建立常态化政企沟通联系机制。加强与企业和行业协会商会的常态化联系，完善企业服务体系，深入开展"万人进万企""营商论坛""企业服务日"等活动，扩大服务范围，丰富形式内容，实现政企常态化沟通交流。引导公职人员主动联系本领域本行业企业，采取"一业一策""一企一策""企业点菜"等方式精准扶持，重点解决企业在税费、融资、涉法涉诉、城市建设等方面的问题，从更宽领域、更高层面、更大范围支持服务企业发展。加快推进政务服务热线整合，进一步规范政务服务热线受理、转办、督办、反馈、评价流程，及时回应企业和群众诉求。

三是抓好惠企政策兑现。梳理公布惠企政策清单，根据企业所属行业、规模等主动精准推送政策，出台惠企措施时要公布相关负责人及联系方式，实行政策兑现"落实到人"，并建立促进民营企业发展"政策库"，推动最新惠企政策及时传送、落地生效。建设集政府支持产业和人才发展的专项资金和相关政策制定、政策发布、政策兑现（含申报、审核、兑现）、政策监管、政策评估为一体的综合服务平台。推动惠企政策"免申即享"，对确需企业提出申请的惠企政策，合理设置并公开申请条件，简化申报手续。通过设立政策专窗等方式对符合条件的企业实行免予申报、直接享受等政策。

五、加强法治公信力建设

良好的法治环境是一个地区一切发展的基础与保障，法治化营商环境建设一直是营商环境建设中极其重要的一部分，也为世界银行所重视，世界银行营商环境评价体系中"合同执行""破产办理""保护少数投资者""获得信贷"等指标正是基于此而设立的。依据东北地区实际调研情况，还需要加强自身法治公信力，可以通过以下几个方面实现：

一是推进政府权责法定化。加大立法工作的力度，科学界定政府与其他社会主体的关系和权力边界，依法规范政府职能权限，不留法律死角，做到有法可依；对法律进行及时的修改调适，使法律不断适应时代的要求；建立健全相关的法律配套制度，推进各级政府事权的规范化、制度化。完善包括权责清单、中介服务事项清单、随机抽查事项清单等在内的政府的管理清单制度，依据法律法规规章调整等对清单施行动态管理，借助权力清单管权限权。

二是严格依法行政。在依法行政中既要做到实体合法，又要做到程序合法。行政机关坚持依法行使公共权力，坚持权责一致、权责相当，要严格遵守行政程序，保障民众的知情权、参与权和监督权，同时还要探索建立"不备不查"机制，除国家统一布置和集中投诉举报外，实行凡查必备，坚决依法查处干涉企业正常经营的行为。

三是健全行政权力制约监督。推动完善政府内部层级监督、专门监督，加强社会监督，充分发挥各方监督作用，对重要政策措施、重大招标采购项目、重点专项资金实行事前介入、事中跟踪、事后审计监督和廉政问责。强化对各级政府依法行政的考核评估，明确考核标准和评估内容；同时完善对各级政府依法行政的激励机制，对于在法治政府建设中考核和评估中不合格的地方政府和公务员，要及时进行问责，构建法治政府建设的长效机制。

六、打造智慧便捷的政务环境

世界银行对营商环境评估中，市场主体办事的便捷程度，即办事流程的简易程度是其重要的组成部分之一。当前，网络治理和数据治理能力是办事流程的简易程度的重要体现，也代表了当地营商服务的品质。依据东北地区实际调研情况，还需要加强营商政务服务智慧化、便捷化，可以通过以下几个方面实现：

一是深化政务服务平台建设。打造政务服务平台网络体系，实现政务服务集成化、一体化。建设健全平台型、数据型、开放型、服务型等各类平台，同时搭建相应网络服务体系，做到各平台互联互通，形成政务服务一体化网络体系；聚焦技术层面，做好分析市场和企业动态，为企业提供定制化解决方案，以人工智能等技术的应用降低误差率、失误率，提升政务服务领域智能化技术应用的支撑力。

二是提升信息服务能力。打破现存信息服务壁垒，一方面，横向延伸服务链条，统筹推进一体化政务平台建设，推进全部审批上线、全部流程上线、全部监管上线，努力实现行政审批和公共服务事项一网通办，一次性办好所有事；另一方面，延伸服务触角，积极推进跨区域、跨层级、跨部门的同城通办、异地可办模式，深入推进"放管服"，通过技术手段确保部门协同性，不让企业"来回跑"。

三是提高政务服务标准化水平。为破解政务服务事项标准不尽统一、办事不够便捷等问题，要从办事指南、服务流程、服务平台、监督评价等维度，持续推动政务服务全面标准化建设。例如在服务流程标准化方面，从咨询、预约、受理、审查、告知、送达等各环节明确时限、标准、方式、场所渠道、责任部门等全流程、全环节规范。统一窗口办理事项、流程和标准，理顺审批难点，实现同一事项无差别受理、同标准办理，解决"线上线下不统一、不同地点不统一""办事进多门、找多人、登多网、跑多次"等痛点问题。

七、优化科创环境，促进人才流动

东北地区需进一步加强创新创业的鼓励与支持，可以通过以下几个方面实现。

一是提升创新科技支撑能力。加大基础研究和应用基础研究支持力度，强化原始创新，加强关键核心技术攻关。健全以企业为主体的产学研一体化创新机制，支持企业牵头实施重大科技项目。加快建设科技创新资源开放共享平台，强化对中小企业的技术创新服务。扩大国际创新合作。全面加强知识产权保护，健全知识产权侵权惩罚性赔偿制度，促进发明创造和转化运用。

二是提升人才服务质量，加速形成创新创业便利化环境可以为创新创业高质量发展提供有力的支撑。提升人才政策精准度。实施高精尖优才集聚工程，对重点产业项目、重点招商方向，对特色产业人才，设立"一业一策"专项奖补政策，放大产业聚才效应；切实加大创新创业支持力度，按照初期创业规律，在创业起步、品牌推广、人才共享、商业模式创新和成果转化等关键节点给予全链式创业支持。建立优质人才服务保障体系，建立一体化的人才服务资源供给体系，促进人才全域化自由流动，构建一体化人才综合服务平台，设立高层次人才服务窗口，加强部门服务的联动和协同，构建人才办事"一站式"服务模式。

三是优化双创生态。鼓励更多社会主体创新创业，拓展经济社会发展空间，加强全方位服务，发挥双创示范基地带动作用。强化普惠性支持，落实好小规模纳税人增值税起征点上调等税收优惠政策。改革完善金融支持机制，扩大知识产权质押融资，支持发展创业投资。

参考文献

［1］世界银行.2020年营商环境报告［R］.华盛顿：世界银行，2019.

［2］世界银行.2019年营商环境报告［R］.华盛顿：世界银行，2018.

［3］安东尼·奥格斯.规制：法律形式与经济学理论［M］.骆梅英译.北京：中国人民大学出版社，2008.

［4］杨炳霖.回应性管制：以安全生产为例的管制法和社会学研究［M］.北京：知识产权出版社，2012.

［5］OECD.OECD监管改革报告：综合［R］.巴黎：OECD，1997.

［6］曼德尔森.市场需要更明智监管［EB/OL］.［2019－03－30］.http：//money.163.com/08/0927/13/4MRQBSID00252VIE.html.

［7］胡祖六.全球金融监管体制要更聪明、简单和有效［EB/OL］.［2019－03－30］.http：//business.sohu.com/20100411/n271436933.shtml.

［8］《营商环境报告》项目简介［EB/OL］.http：//chinese.doingbusiness.org/zh/reports/global-reports/doing-business-2019.

［9］罗培新.世界银行营商环境评估价值体系与方法论［EB/OL］.［2019－04－15］.http：//www.sohu.com/a/308169772_100005996.

［10］凡帅帅．全球治理公共产品与中国经验——以世界银行营商环境评估为例［D］．北京：中国社会科学院研究生院硕士学位论文，2017．

［11］胡佳林，汤龙．回望2016：辽宁振兴十大成就［EB/OL］．［2017 – 01 – 03］．http://ln. people. com. cn/n2/2017/0103/c378315 – 29542507. html.

［12］中国经济时报．大连：优化营商环境进行时［EB/OL］．［2018 – 12 –07］．https：//baijiahao. baidu. com/s？id = 1619119079619 360384&wfr = spider&for = pc.

［13］沈阳网．沈阳优化营商环境再出 85 条政策措施［EB/OL］．［2019 – 04 – 16］．http://ln. ifeng. com/a/20190416/7383968 _0. shtml.

［14］东北网．哈尔滨市市场监管局出台 40 条优化营商环境举措［EB/OL］．［2018 –04 –08］．http：//baijiahao. baidu. com/s？id = 1597140327180187198&wfr = spider&for = pc.

［15］刘姝媛．哈尔滨："4 +1 套餐"助新区打造营商环境示范区［EB/OL］．［2019 – 01 – 13］．http：//hlj. people. com. cn/n2/2019/0113/c220027 – 32523827. html.

［16］孔爱群．省营商环境建设局挂牌成立张雷出席挂牌仪式［EB/OL］．［2018 – 11 – 09］．http：//liaoning. nen. com. cn/cms _ udf/2018/lnjgaige/index. shtml.

［17］胡印斌．营商环境建设局升格省直机构，辽宁是要动真格了［EB/OL］．［2018 – 10 – 19］．https：//baijiahao. baidu. com/s？id = 1614732614919968891&wfr = spider&for = pc.

［18］于海明．黑龙江省营商环境建设监督局挂牌成立［EB/

OL]. [2018 - 10 - 28]. http://www. hlj. xinhuanet. com/rmzx/2018 -
10/28/c_137563925. htm.

[19] 杨蕾. 吉林省政务服务和数字化建设管理局（吉林省软环
境建设办公室）挂牌 [EB/OL]. [2018 - 11 - 16]. http://wemedia. if-
eng. com/88318444/wemedia. shtml.

[20] 周柏航. 吉林省成立省软环境建设办公室 [EB/OL].
[2016 - 10 - 18]. http://news. cnjiwang. com/jwyc/201610/224288
4. html.

[21] 潘世杰. 辽宁将持续深化"放管服"改革不断优化营商环
境 [EB/OL]. [2018 - 06 - 21]. http://www. chinadevelopment. com. cn/
news/zj/2018/06/1290319. shtml.

[22] 王坤. 黑龙江推进"放管服"改革以良好营商环境吸引资
本和项目 [EB/OL]. [2018 - 06 - 28]. https://heilongjiang. dbw. cn/
system/2018/06/28/058023803. shtml.

[23] 李抑嬙. 一场"刀刃向内"的自我革命——我省深化"放
管服"改革纪实 [EB/OL]. [2018 - 09 - 09]. http://jlrbszb. cnji-
wang. com/pc/paper/c/201809/09/content_62136. html.

[24] 辽宁省营商局.《辽宁省加快推进全省一体化在线政务服
务平台建设实施方案》政策解读 [EB/OL]. [2019 - 03 - 22]. ht-
tp://www. ln. gov. cn/zfxx/zcjd/201903/t20190322_3455544. html.

[25] 杨帆. 黑龙江提升政务服务质量推动营商环境持续向好
[EB/OL]. [2019 - 03 - 21]. https://baijiahao. baidu. com/s? id =
1628623349414946674&wfr = spider&for = pc.

[26] 2018 年黑龙江省深化机关作风整顿优化营商环境工作综
述：以过硬作风重塑投资营商新环境 [EB/OL]. [2019 - 01 - 21].

http：//mini. eastday. com/a/190121084532336 – 2. html.

［27］辽宁整治营商环境 628 例被问责处理 254 人 ［EB/OL］. ［2017 – 09 – 19］. https：//ln. qq. com/a/20170919/020775. htm.

［28］孙佳薇. 我省深化机关作风整顿优化营商环境亮点回眸 ［EB/OL］. ［2019 – 02 – 11］. http：//www. hlj. gov. cn/zwfb/system/ 2019/02/11/010893431. shtml.

［29］赵广欣，曲菠，刘佳元. 调查结果显示：吉林省企业获得 感明显增强 ［EB/OL］. ［2018 – 08 – 28］. http：//jl. people. com. cn/ n2/2018/0828/c349771 – 31983905. html.

［30］倪铭娅. 2018 中国营商环境指数报告出炉：上海北京江 苏夺前三 ［N/OL］. 中国证券报， ［2018 – 11 – 13］. http：//fi-nance. sina. com. cn/roll/2018 – 11 – 13/doc-ihnstwwr2814294. shtml.

［31］张成福. 大变革：中国行政改革的目标与行为选择 ［M］. 北京：改革出版社，1993.

［32］王洪杰. 地方政府建设经济发展软环境问题探析 ［J］. 经济问题探索，2010（11）：23 – 27.

［33］谢庆奎等. 中国地方政府体制概论 ［M］. 北京：中国广 播电视出版社，1998.

［34］杜宝贵，门理想. 推进"互联网 + 政务服务"中应处理 好八种关系 ［J］. 中国行政管理，2016（7）：9.

［35］国务院常务会议部署加快推进"互联网 + 政务服务" ［J］. 中国政府采购，2016（10）：54.

［36］道格拉斯·C. 诺思. 制度、制度变迁与经济绩效 ［M］. 杭行译. 上海：格致出版社，2008.

［37］［美］罗伯特·B. 登哈特，珍妮特·V. 登哈特，玛丽亚·

P. 阿里斯蒂格塔. 公共组织行为学［M］. 赵丽江译. 北京：中国人民大学出版社，2007.

［38］娄成武，李丹. 重塑政府理论对我国政府改革的启示［J］. 东北大学学报（社会科学版），2002，4（4）：271－273.

［39］仵志忠. 信息不对称理论及其经济学意义［J］. 经济学动态，1997（1）：66－69.

［40］赵润. 甘肃省营商环境优化研究［D］. 兰州：甘肃农业大学硕士学位论文，2020.

［41］孙琛. 营商环境对企业创新影响的研究［D］. 济南：山东大学硕士学位论文，2020.

［42］杨雪. 黑龙江省营商环境政策研究［D］. 哈尔滨：哈尔滨商业大学硕士学位论文，2020.

［43］景霖霖. 营商环境综合评价及实证研究［D］. 济南：山东师范大学硕士学位论文，2020.

［44］杨伟民. 改革规划体制 更好发挥规划战略导向作用［J］. 中国行政管理，2019（8）：8－10.

［45］董煜. 完善和创新五年规划编制的几点思考［J/OL］. 中国行政管理，2019（8）：14－15.

［46］井潇. 开放条件下我国营商环境评价指标体系研究［D］. 北京：首都经济贸易大学硕士学位论文，2019.

［47］李思潼. 粤港澳大湾区背景下珠三角营商环境分析［D］. 广州：广东外语外贸大学硕士学位论文，2019.

［48］严卓可. 区县营商环境满意度及影响因素研究［D］. 杭州：浙江大学硕士学位论文，2019.

［49］石楠，崔岩. 营商环境指标体系文献综述［J］. 中国市

场监管研究，2019（1）：53-55.

[50] 杨继瑞，周莉.优化营商环境：国际经验借鉴与中国路径抉择 [J].新视野，2019（1）：40-47.

[51] 罗培新.世界银行营商环境评估方法论：以"开办企业"指标为视角 [J].东方法学，2018（6）：12-19.

[52] 袁莉.新时代营商环境法治化建设研究：现状评估与优化路径 [J].学习与探索，2018（11）：81-86.

[53] 李清池.营商环境评价指标构建与运用研究 [J].行政管理改革，2018（9）：76-81.

[54] 满姗，吴相利.国内外营商环境评价指标体系的比较解读与启示 [J].统计与咨询，2018（3）：27-30.

[55] 张国勇，娄成武.基于制度嵌入性的营商环境优化研究——以辽宁省为例 [J].东北大学学报（社会科学版），2018，20（3）：277-283.

[56] 宋林霖，何成祥.优化营商环境视阈下放管服改革的逻辑与推进路径——基于世界银行营商环境指标体系的分析 [J].中国行政管理，2018（4）：67-72.

[57] 魏陆.提高行政效能，优化上海营商环境 [J].科学发展，2018（2）：67-74.

[58] 郭先登.新时代大国区域经济发展空间新格局——建制市"十四五"规划期经济新方位发展研究 [J].经济与管理评论，2018，34（1）：127-140.

[59] 孙玉山，刘新利.推进纳税服务现代化 营造良好营商环境——基于优化营商环境的纳税服务现代化思考 [J].税务研究，2018（1）：5-12.

［60］魏淑艳，孙峰．东北地区投资营商环境评估与优化对策［J］．长白学刊，2017（6）：84 – 92.

［61］张威．我国营商环境存在的问题及优化建议［J］．理论学刊，2017（5）：60 – 72.

［62］武靖州．振兴东北应从优化营商环境做起［J］．经济纵横，2017（1）：31 – 35.